AF187705

Der neue Göttervater - Odin

- Teil 2 -

Jenseitsführer und Weiser
Leiter der Einweihung
Kriegsgott und Göttervater

Band 14 der Reihe   „Die Götter der Germanen"

Bücher von Harry Eilenstein

Astrologie

- Astrologie (496 S.)
- Photo-Astrologie (428 S.)
- Die astrologischen Aspekte (88 S.)
- Horoskop und Seele (120 S.)

Magie

- Handbuch für Zauberlehrlinge (408 S.)
- Telepathie für Anfänger (60 S.)
- Telepathie für Fortgeschrittene (52 S.)
- Tarot (104 S.)
- Physik und Magie (184 S.)
- Die Magie-Formel (156 S.)
- Krafttiere – Tiergöttinnen – Tiertänze (112 S.)
- Schwitzhütten (524 S.)

Meditation

- Der Lebenskraftkörper (230 S.)
- Die Chakren (100 S.)
- Das Chakren-System mit den Nebenchakren (296 S.)
- Meditation (140 S.)
- Drachenfeuer (124 S.)
- Reinkarnation (156 S.)

Kabbala

- Kursus der praktischen Kabbala (150 S.)
- Eltern der Erde (450 S.)
- Blüten des Lebensbaumes:
    - Die Struktur des kabbalistischen Lebensbaumes (370 S.)
    - Der kabbalistische Lebensbaum als Forschungshilfsmittel (580 S.)
    - Der kabbalistische Lebensbaum als spirituelle Landkarte (520 S.)

Religion allgemein

- Muttergöttin und Schamanen (168 S.)
- Göbekli Tepe (472 S.)
- Totempfähle (440 S.)
- Christus (60 S.)

- Dakini (80 S.)
- Vajra (76 S.)

Ägypten

- Hathor und Re 1: Götter und Mythen im Alten Ägypten (432 S.)
- Hathor und Re 2: Die altägyptische Religion – Ursprünge, Kult und Magie (396 S.)
- Isis (508 S.)

Indogermanen

- Die Entwicklung der indogermanischen Religionen (700 S.)
- Wurzeln und Zweige der indogermanischen Religion (224 S.)

Germanen

- Die Götter der Germanen (87 Bände)
- Odin (300 S.)

Kelten

- Cernunnos (690 S.)
- Der Kessel von Gundestrup (220 S.)
- Der Chiemsee-Kessel (76)

Psychologie

- Über die Freude (100 S.)
- Das Geheimnis des inneren Friedens (252 S.)
- Das Beziehungsmandala (52 S.)
- Gefühle und ihre Verwandlungen (404 S.)
- einsgerichtet (140 S.)
- Liebe und Eigenständigkeit (216 S.)
- Von innerer Fülle zu äußerem Gedeihen (52 S.)
- Die Symbolik der Krankheiten (76 S.)

Kunst

- Herz des Tanzes – Tanz des Herzens (160 S.)

Drama

- Konig Athelstan (104 S.)

Kontakt: www.HarryEilenstein.de / Harry.Eilenstein@web.de

Herstellung und Verlag: Books on Demand GmbH, Norderstedt **ISBN:** 9783748182719

Die Themen der einzelnen Bände der Reihe „Die Götter der Germanen"

1. Die Entwicklung der germanischen Religion
2. Lexikon der germanischen Religion

3. Der ursprüngliche Göttervater Tyr
4. Tyr in der Unterwelt: der Schmied Wieland
5. Tyr in der Unterwelt: der Riesenkönig   Teil 1
6. Tyr in der Unterwelt: der Riesenkönig   Teil 2
7. Tyr in der Unterwelt: der Zwergenkönig
8. Der Himmelswächter Heimdall
9. Der Sommergott Baldur
10. Der Meeresgott: Ägir, Hler und Njörd
11. Der Eibengott Ullr
12. Die Zwillingsgötter Alcis
13. Der neue Göttervater Odin   Teil 1
14. Der neue Göttervater Odin   Teil 2
15. Der Fruchtbarkeitsgott Freyr
16. Der Chaos-Gott Loki
17. Der Donnergott Thor
18. Der Priestergott Hönir
19. Die Göttersöhne
20. Die unbekannteren Götter
21. Die Göttermutter Frigg
22. Die Liebesgöttin: Freya und Menglöd
23. Die Erdgöttinnen
24. Die Korngöttin Sif
25. Die Apfel-Göttin Idun
26. Die Hügelgrab-Jenseitsgöttin Hel
27. Die Meeres-Jenseitsgöttin Ran
28. Die unbekannteren Jenseitsgöttinnen
29. Die unbekannteren Göttinnen
30. Die Nornen
31. Die Walküren
32. Die Zwerge
33. Der Urriese Ymir
34. Die Riesen
35. Die Riesinnen
36. Mythologische Wesen
37. Mythologische Priester und Priesterinnen
38. Sigurd/Siegfried
39. Helden und Göttersöhne

40. Die Symbolik der Vögel und Insekten
41. Die Symbolik der Schlangen, Drachen und Ungeheuer
42. Die Symbolik der Herdentiere

43. Die Symbolik der Raubtiere
44. Die Symbolik der Wassertiere und sonstigen Tiere
45. Die Symbolik der Pflanzen
46. Die Symbolik der Farben
47. Die Symbolik der Zahlen
48. Die Symbolik von Sonne, Mond und Sternen
49. Das Jenseits
50. Seelenvogel, Utiseta und Einweihung
51. Wiederzeugung und Wiedergeburt
52. Elemente der Kosmologie
53. Der Weltenbaum
54. Die Symbolik der Himmelsrichtungen und der Jahreszeiten
55. Mythologische Motive

56. Der Tempel
57. Die Einrichtung des Tempels
58. Priesterin – Seherin – Zauberin – Hexe
59. Priester – Seher – Zauberer
60. Rituelle Kleidung und Schmuck
61. Skalden und Skaldinnen
62 Kriegerinnen und Ekstase-Krieger

63. Die Symbolik der Körperteile
64. Magie und Ritual
65. Gestaltwandlungen
66. Magische Waffen
67. Magische Werkzeuge und Gegenstände
68. Zaubersprüche
69. Göttermet
70. Zaubertränke
71. Träume, Omen und Orakel
72. Runen
73. Sozial-religiöse Rituale

74. Weisheiten und Sprichworte
75. Kenningar
76. Rätsel

77. Die vollständige Edda des Snorri Sturluson
78. Frühe Skaldenlieder
79. Mythologische Sagas
80. Hymnen an die germanischen Götter

Inhaltsverzeichnis

Band 13   (Übersicht)

I Odin in der germanischen Überlieferung

Band 14

II Die Schamanen bei den Indogermanen

II 1. Übersicht

Die meisten Schamanen sind nicht zu Göttern erhoben worden, sondern Wesen von meist recht unklarer mythologischer Stellung geblieben. So wird zum Beispiel der Jenseitsfährmann in den altägyptischen Pyramidentexten zwar wie ein Mensch beschrieben, aber er verkehrt doch mit Toten und mit Göttern. Eine ähnlich merkwürdige Stellung hat Charon in der griechischen Mythologie: er ist kein Gott, aber er ist mehr als nur ein Mensch.

Diese Zwischenstellung ist wahrscheinlich dadurch entstanden, daß die Ahnen, die in ferner Vergangenheit gelebt hatten, nach und nach immer „größer" und wichtiger und zugleich auch standardisierter und allgemeingültiger wurden, sodaß man sie schließlich als Gott bezeichnen konnte, aber die Schamanen jedoch in dieser Phase der allgemeinen Vergöttlichung der Ahnen zum Beginn des Königtums weiterhin tätig waren. Da sie aber nur noch teilweise ihren Beruf wirklich ausübten, d.h. bei den Bestattungen tatsächlich eine Astralreise ins Jenseits machten, sondern zunehmend diese Jenseitsreise nur noch symbolisch aufführten, entstand sozusagen aus den früheren konkreten Erlebnissen der Schamanen jetzt das mythologische Bild der Jenseitsreise des konkreten Schamanen-Priesters bei der Bestattung.

Dadurch entstand gewissermaßen eine Mythe, die zum Teil noch tatsächlich von den Schamanen-Priestern, die zu einer Astralreise noch in der Lage waren, konkret erlebt wurde – andererseits wurde diese Mythe aber wie zu einer Erzählung darüber, was bei einer Jenseitsreise geschieht. In Ägypten blieb der Schamanen-Priester („Sem-Priester") daher immer eine konkrete Gestalt im Bestattungsritual und taucht nur in den Pyramidentexten sozusagen als halbmythologischer Jenseitsfährmann auf und wurde nie zu einer Gottheit. Auch in Sumer war der Machu-Ekstasepriester noch lange konkret bei Bestattungen und Zukunftsvorhersagen tätig, wodurch auch hier nur allmählich aus dem Schamanen eine mythologische Gestalt wurde.

Man könnte diesen halbmythologischen Zustand des Jenseitsfährmannes und des Schamanen in den Mythologien auch als Halbgott oder als „Heiliger" bezeichnen – so wie auch Sankt Christopherus im Christentum zu einem „mythologischen Heiligen" geworden ist, der das Jesuskind über das tiefe Wasser trägt – obwohl es ihn als historische Gestalt niemals gegeben hat. Das Tragen über das tiefe Wasser entspricht dem Ausgesetztwerden des Moses auf dem Nil – es ist die verkürzte und nur noch symbolische Reise in das Jenseits und zurück, durch die der Kontakt mit den Ahnen und den Göttern hergestellt wird.

Die Abgrenzung zwischen einem Schamanengott und einem Totengott ist oftmals erst bei genauerem Hinsehen möglich. Der Totengott ist in der Regel ein Urahn, der als Begründer eines Fürsten- oder Königshauses oder eines ganzen Volkes angesehen wird. Er zeichnet sich dadurch aus, daß er sehr passiv ist und eigentlich nur durch seine bloße Existenz wirkt. In vielen Fällen ist dieser Ahnen- und Totengott aufgrund des jungsteinzeitlichen Gleichnisses zwischen dem Schicksal des Menschen und dem Schicksal des Getreides auch der Vegetationsgott geworden. Der Schamanengott und der Ahnengott haben in der Regel beide die Symbolik des Todes und der Wiedergeburt. Während der Totengott in dieser Rolle jedoch passiv erscheint, reist der Schamanengott aktiv in das Jenseits.

Diese Passivität des Toten- und Vegetationsgottes findet sich z.B. bei Baldur, Osiris, Tammuz, Dumuzi, Attis und Mithras.

Aber selbst dann, wenn ein Gott selber ins Jenseits reist, könnte diese Gottheit noch auf eine andere Weise entstanden sein: Da die Könige von den Schamanen die Jenseitsreise als Symbol der Herstellung ihres Kontaktes zu den Göttern übernommen haben, tritt die Jenseitsreise in vielen idealisierten Königsbiographien und folglich teilweise auch in der Symbolik von Königs- und Totengöttern auf. Am beliebtesten ist dabei die Kurzform der Jenseitsreise, bei der der zukünftige König in seiner Kindheit in einem Weidenkorb einen großen Fluß hinabtreibt so wie Moses oder Sargon von Akkad. Daraus ist dann später die Taufe entstanden.

Odin ist einer der Götter, bei denen die aktive Jenseitsreise so ausgeprägt ist und so deutlich im Mittelpunkt seines Wesens steht, daß man hier von einem vergöttlichten Schamanen ausgehen kann.

Es gibt einige weitere solcher Götter, bei denen dieser Charakterzug allerdings nicht ganz so deutlich ausgeprägt ist wie bei Odin: der griechische Halbgott und Sänger Orpheus, der in die Unterwelt ging, um seine Frau Eurydike aus dem Totenreich zurückzuholen; der griechische Götterkönig Zeus, der in der Gestalt einer Schlange in die Unterwelt zu Persephone kroch, um sich mit ihr zu vereinen; der keltische Gott Cernunnos, der auf manchen Bilder noch als meditierender Schamane erscheint; und der römische Gott Janus mit seinen zwei Gesichtern, die ins Diesseits und in das Jenseits blicken (wie die beiden Gesichter der ägyptischen Göttin Hathor an der Weltenbaum-Hathorsäule).

Da Zeus schon aufgrund seines Namens wie Tyr und Jupiter als Königs- und Himmelsgott erkennbar ist, muß seine aktive Unterweltsreise ein Motiv sein, daß sich erst nachträglich zu seiner Symbolik hinzugefügt hat.

Möglicherweise gehört auch der keltische Gott Dagda zu den Schamanengöttern, da er der „Gute Gott", der „Rothaarige mit dem Großen Wissen", der „Hengst" und der „Allvater" genannt wird und bei ihm sein Penis und seine Zeugungskraft sowie seine magischen Fähigkeiten betont wurden – allerdings wird von ihm keine Jenseitsreise berichtet, obwohl er viele der Eigenschaften hat, die die zu einem Schamanengott passen würden wie die Zeugungskraft, das vollkommene Wissen und die magischen Fähigkeiten.

Vermutlich wird Dagda daher doch eher ein Ahnengott sein, der einige Züge aus dem Schamanismus übernommen hat – insbesondere das Wissen und die Magie sowie das Pferd als Reittier des Schamanengottes. Die Betonung des Penis des Dagda und der Hengst als Symbol der Zeugungskraft finden sich gleichermaßen bei Ahnen- und Schamanengöttern, da sie aus der Wiederzeugungs-Symbolik stammen.

Bei den Göttervatern wie Zeus, Tyr und Dagda ist zudem ein Einfluß der Symbolik des Sonnenlaufs erkennbar, der auch als (Wieder-)Geburt am Morgen, Leben am Mittag, Tod am Abend und eine Zeit in der Unterwelt in der Nacht aufgefaßt worden ist. Diese Götter sind also Sonnengott-Göttervater und haben z.T. aus diesem Grund eine Jenseitsreise-Symbolik.

Mit deutlich größerer Wahrscheinlichkeit wird Shiva ein Schamanengott sein, da er nach Erkenntnis des Jenseits strebt, aber hier sind die Ursprünge vermutlich komplexer, da sich in der indischen Tradition der Schamanismus sozusagen zu einer allgemeinen Wissenschaft vom Bewußtsein und vom Jenseits weiterentwickelt hat: dem Yoga. Somit ist Shiva zwar von seiner Symbolik her deutlich schamanisch, aber von seiner Entstehungsgeschichte her eher ein vergöttlichter Yogi – wobei die Yogis allerdings ihrerseits die Nachfahren der Schamanen sind. In Indien ist die schamanische Tradition sozusagen zu einem allgemeinen Hintergrund der Götter und der spirituellen Lehren geworden – zu einer Wissenschaft vom Bewußtsein.

Man könnte in ähnlicher Weise wie Shiva auch Buddha zu den Göttern mit schamanischer Struktur rechnen, wobei in diesem Falle Buddhas Meditation, bei der er Yama, dem Herrn des Todes, und Maya, der Illusionen, begegnete und erleuchtet wurde, seine Jenseitsreise wäre. In diesem Falle wäre Buddha dann von einem ganz konkreten, historischen Menschen zu einer Gottheit geworden.

Dasselbe könnte man auch von Christus sagen, der durch seinen Tod und seine Auferstehung eine sehr deutliche Jenseitsreise aufweist.

Die Schamanen kennen das Diesseits und das Jenseits und sind in beiden Bereichen handlungsfähig. Sie stehen daher symbolisch auf der Grenze zwischen Diesseits und Jenseits und „blicken in zwei Richtungen". Daraus hat sich das Motiv des Schamanen bzw. Jenseitsfährmanns mit zwei Gesichtern herausgebildet.

Dieses Motiv ist schon sehr alt, da es bereits in den ägyptischen Pyramidentexten, die die ältesten religiösen Texte überhaupt sind, auftritt – leider nur in den Texten und nicht als bildliche Darstellung.

Aus späterer Zeit ist das Motiv des „Zweigesichtige" u.a. von den Griechen (Argos, Hermes), den Römern (Janus) und von den Kelten (Statuen eines Gottes) überliefert worden.

Diese spezielle „zwei Augen"-Symbolik war auch den ägyptischen Zauberern und den keltischen Druiden bekannt, die bei der Ausübung von Magie einen ihrer Arme ausstreckten und auf ihr Ziel richteten, während sie ihren anderen Arm eng an ihren Körper anlegten, das Ziel mit einem Auge fixierten und das andere Auge schlossen.

Die Druiden stellten sich zudem noch auf ein Bein. Auf diese Weise waren diese Zauberer zugleich im Diesseits (offenes/heiles Auge, ausgestreckter Arm, Standbein) und im Jenseits (geschlossenes/blindes Auge, angelegter Arm, angewinkeltes Bein) und konnten daher die aus dem Jenseits kommende magische Kraft auf Menschen und Objekte im Diesseits richten.

Möglicherweise hat auch der nach unten weisende rechte Arm und der noch oben weisende linke Arm der auf einer Steinplatte aus Göbekli Tepe dargestellten Frau schon diese die beiden Welten verbindende Symbolik. Diese Haltung der Arme findet sich mit genau derselben Symbolik noch heute in den Ritualen der anthroposophischen Christengemeinschaft oder auch auf der Karte „Der Magier" im Tarot-Orakel. Auch der hebräische Buchstabe Aleph (א) wird oft als Symbol für diese Arm-Geste angesehen.

Auch der zweigesichtige Mann aus Göbekli Tepe (10.000 v.Chr.) wird ein Schamane sein, der zwischen den Welten steht.

Unter den Nachkommen der mesopotamischen Ackerbauern, also bei den Indogermanen, Sumerern, Semiten, Hamiten, Ägyptern, Elamitern, Kretern usw., finden sich als Schamanengötter, „Schamanenhalbgötter" und Schamanen-Priester mehrere mythologische Gestalten:

Schamanen			
Volk	**Gott**	**Halbgott/Heiliger**	**Priester**
Kelten	Cernunnos		Druiden
Römer	Janus		
Germanen	Odin		Galdr-Priester
Inder	Shiva	erleuchtete Yogis	Brahmanen/Yogis
allgemein	Christus	St. Christopherus	
allgemein	Buddha	Boddhisattvas	
Griechen		Orpheus, Charon	
Perser			Magier
Ägypter		Jenseitsfährmann	Sem-Priester
Sumerer			Machu-Priester
Göbekli Tepe			zweigesichtiger Mann

Die folgende Tabelle zeigt den Stammbaum der Indogermanen. Die Namen für die gemeinsamen Vorfahren der verschiedenen Völker wie „Tocharo-Romanen" sind künstliche Bezeichnungen, da nicht bekannt ist, wie sich die betreffenden Völker selber genannt haben. Die Differenzierung dieser Völker fand in etwa zwischen 2800 v.Chr. und 1800 v.Chr. statt.

Indo-germanen	West-Indo-germanen	Balto-Slawen				Balten
						Slawen
		Tocharo-Germanen	Tocharo-Romanen	Kelto-Romanen		Kelten
						Römer
						Tocharer
						Germanen
	Süd-Indo-germanen					Lyder
		Hethito-Luwier	Hethito-Palaier			Hethiter
						Palaier
						Luwier
	Ost-Indo-germanen	Gräco-Thraker				Thraker
						Griechen
		Indo-Skythen				Skythen
			Indo-Armenier			Armenier
				Indo-Mitanni		Mitanni
					Indo-Perser	Perser
						Inder

Im Folgenden sind nur die Völker aufgeführt, von denen etwas über das hier betrachtete Thema bekannt ist.

II 2. West-Indogermanen

II 2. a) Kelten

Die keltische Schamanengemeinschaft sind die Druiden, die wie schon die Schamanen in der Jungsteinzeit die Jenseitsreise auf dem Stierfell praktizieren und das Wetter beeinflussen, Heilungen durchführen usw. Das halbmythologische Bild für diesen Schamanen ist der Hirschgott Cernunnos, der sozusagen am Übergang zwischen dem konkreten Schamanen und dem Schamanengott steht.

Der Schamane/Druide, der gerade den Baum fällt, der dann im Einweihungsritual für die Druiden als Unterweltsleiter in den Schacht hinab benutzt wird, der symbolisch in die Unterwelt führt, wurde zum Urbild des keltischen Schamanen: Der Gott Esus wird stets beim Fällen dieses Ritual-Weltenbaumes dargestellt.

Der Schamane, der sich im Jenseits in ein Herdentier verwandelt und der in sich die Kundalini erweckt hat, erscheint hingegen als der Schamanen-Priester bzw. in späterer Zeit der Gott Cernunnos.

Die Aufgabe des Schamanen als Jenseitsfährmann übernahm bei den Kelten der Meeresgott Manannan mac Lir.

Der Schacht als Unterwelteingangs im Ritual ist auch von den Hethitern und aus den Mithras-Mysterien bekannt, die anstelle des Baumes allerdings eine Leiter, deren sieben Sprossen die sieben Planeten symbolisieren, benutzten. Das Fällen des Weltenbaumes fand sich auch schon bei dem sumerischen Sonnengott Uto.

Die Aufteilung in aktive Schamanen und Traditionserhalter findet sich auch bei den Kelten in den Druiden und Barden. Der Übergang zwischen beiden ist allerdings bei allen Völkern fließend.

meditierender Cernunnos; Gundestrup

meditierender Barde; Bretagne

II 2. b)   Römer

Bei den Römern findet sich neben dem Seelenführer Merkur auch der Gott Janus, dessen zwei Gesichter vermuten lassen, daß er am Tor zwischen Diesseits und Jenseits steht und wie Odin in beide Welten blicken kann. Sein Name bedeutet „Tor" und so ist er auch der Gott aller Tore, Türen und Durchgänge – insbesondere des Tores zwischen den beiden Welten.

Janus ist auch der Gott der Schlüssel zu diesen Toren und er ist wie Hermes/Merkur der Gott des Stabes, der den Weltenbaum symbolisiert. Janus ist der Vermittler zwischen Göttern und Menschen wie der indische Agni. Sowohl Agni als auch Janus wurden bei Opferungen stets als erste angerufen, da sie die Verbindung zwischen Himmel und Erde herstellten.

Janus ist einer der wenigen rein römischen Gottheiten. Dieser Gott des Anfangs und des Endes war ursprünglich ein Sonnengott, dessen Symbolik dem der Schamanen sehr ähnlich ist. Sein Name stammt von dem indogermanischen Wort „yana" ab, das „hinübergehen" bedeutet – was ein naheliegender Name für den Schamanen als Reisenden über die Grenze zwischen Diesseits und Jenseits ist.

Während das indogermanische „vatos" den Schamanen als den Ekstatiker kennzeichnet, beschreibt ihn der Name „yana" als den, der ins Jenseits reisen kann.

Das weibliche Gegenstück zu seinem Namen ist Jana oder Diana, die ursprünglich eine Mond- und Unterweltsgöttin war. Dabei wurde das ursprüngliche Dhyaus-Jana zunächst spätestens im Frühlateinischen zu Di-Jana, das schließlich zu Diana zusammengezogen wurde. Dieselbe Entwicklung findet sich auch bei Jupiter, dessen Name sich vom ursprünglichen Dhyaus-Pitar aus zunächst zu Di-Pitar verkürzte und dann zu Jupiter abgeschliffen hat.

Bei den Römern finden sich die Schamanen als die Seher, die Auguren genannt wurden.

II 2. c)   Germanen

Der germanische Schamanengott Odin hat eine Fülle von Merkmalen eines Schamanen:

- er hat eine sehendes Diesseits-Auge und ein blindes Jenseits-Auge,
- er reitet auf einem achtbeinigen Pferd (= zwei Pferde – Reittier ins Jenseits; zwei = Diesseits und Jenseits),
- er hat zwei Wölfe als Begleiter (Jenseitsführer; zwei = Diesseits und Jenseits),
- er hat zwei Raben als Begleiter (Jenseitsführer; zwei = Diesseits und Jenseits),
- er verwandelt sich in eine Schlange (Weg in die Unterwelt),

- er verwandelt sich in einen Adler (Seelenvogel),
- er spricht mit den Schädeln von Toten (Mimir; Gespräch mit den Ahnen),
- er ist spricht mit den Toten an der Jenseitseingangs-Quelle zwischen den Wurzeln des Weltenbaumes, (Gespräch mit den Ahnen),
- er ist der Gott der Toten (Jenseitsführer),
- er erhielt sein Wissen durch eine Einweihung (Hängen am Weltenbaum = Jenseitsreise),
- er holt den Unsterblichkeitstrank zu den Göttern,
- er ist der Gott des Wissens und der Dichtkunst,
- er ist der Bärengott (Großraubtier des Schamanen),
- er leitet das Begräbnis des Baldur usw.

Sein Name Odin/Wotan geht auf das vorgermanische Wort „watus" zurück, das „Wut, Gewalt, Ekstase, Geist, Seele, Lied, Gedicht" bedeutet. Odin ist der Seelenführer und begegnet in seiner Ekstase den Geistern der Toten. Sein Wissen über den Weg zwischen den beiden Welten ist in Versen zusammengefaßt und er singt sie als Lieder bei Bestattungen. Er lernte, seine Ekstase auch in eine gewaltige Kampfeswut umzuwandeln.

Das vorgermanische „watus" ist mit lateinisch „vates" mit der Bedeutung „Wahrsager, Seher" und auch mit dem keltischen „faith" mit derselben Bedeutung verwandt. Im Indischen findet sich dieses Wort noch in „api-vat", das „Aufwachen, erregen, aufregen" bedeutet und ursprünglich in etwa „erwachen, in Ekstase geraten" bedeutet haben wird. Es ist daher recht wahrscheinlich, daß die Indogermanen ihre Schamanen „Vatos" nannten.

Die Germanen kannten das Gespräch mit den Ahnen nicht nur in mythologischer Hinsicht, sondern auch konkret in der Form des „Utiseta" („Draußensitzen"). Dabei setzte man sich an einem Kreuzweg auf das Fell eines Stieres und rief die Ahnen, mit denen man sprechen wollte, herbei. Das Sitzen (statt Stehen) könnte darauf hinweisen, daß mit dem Rufen der Ahnen eine meditative Haltung verbunden war.

Die früher einmal weit verbreitete Organisationsform des Schamanenbundes hat sich bei den Germanen anscheinend nur noch in der Umformung zum ekstatischen Kriegerbund der Ulfhedinn (Wolfskrieger) und Berserker (Bärenkrieger) erhalten.

Wie u.a. auch bei den Indern und Kelten auch findet sich auch bei den Germanen die Schamanen in zwei deutlich unterschiedenen Funktionen: zum einen als Gandrkundige (Zauberer), Seidirkundige (Braukundige) und Priester (Diar, Gode), die die eher aktiven Schamanen sind und den indischen Yogis entsprechen, sowie zum anderen die Skalden (Sänger), die die Tradition (Mythen, Geschichte) bewahrten und eher den indischen Brahmanen entsprachen.

*Meditierender mit
betontem Herzchakra
(„Sonne")*

*stilisierter Meditierender
mit Kundalini*

Berserker

II 2. d)   Slawen

Bei ihnen hatte die Priestergemeinschaft, die man zu dieser vorchristlichen Zeit wohl noch als Schamanenbünde auffassen darf, einen sehr großen Einfluß und konnten sich teilweise sogar gegen den Fürsten durchsetzen.

Bei den Slawen sind indirekt die Schwitzhüttenleiter bekannt – da die Schwitzhütten noch bis in die historische Zeit hinein als „Banja" (Sauna) einen Teil ihrer spirituell-magischen Tradition haben erhalten können. Die Priestergemeinschaften werden wie die Druiden und die Brahmanen auf die indogermanischen Schamanenbünde zurückgehen.

II 2. e)   Balten

Von den Balten wird berichtet, daß sie bei allen wichtigen Festen und Ereignisse ins „Badehaus" gingen, das eine große Ähnlichkeit mit Schwitzhütten hatte. Eine Verwandtschaft mit den skythischen Schwitzhütten und möglicherweise auch mit den griechischen Badehäusern und den römischen Thermen ist daher sehr wahrscheinlich.

In den berichteten Zeremonien ist allerdings kein Schamane mehr anwesend;

möglicherweise haben jedoch die Großmütter, die diese Zeremonien meistens zu leiten schienen, diese Funktion übernommen.

Der Priester des Sonnengottes Svantevit auf Rügen war ein Seher, der in Nordeuropa in etwa dieselbe Stellung hatte und dasselbe Ansehen genoß wie das Orakel von Delphi in Südosteuropa.

II 3. Süd-Indogermanen

II 3. a) Hethiter

Der Patili-Priester sprach bei Bestattungen rituell mit den Geister/Göttern im Jenseits und erkundigte sich vom Dach des Hauses aus, in dem der Tote verstorben ist, laut nach dem Aufenthalt eines Toten. Er erhielt daraufhin von einer Person im Inneren des Hauses zur Antwort, daß ihm die Mutter(-göttin) entgegengegangen ist und ihn an der Hand genommen hat und nun leitet.

Bei diesem Ritual ist die alte Jenseitsreise vermutlich in nicht allzulanger Zeit zuvor durch eine zeremoniell aufgeführte Jenseitsreise ersetzt worden, da der rituelle Dialog noch sehr nah an dem Erlebnis einer tatsächlichen Astralreise des Schamanen liegt. In den Fällen, in denen diese tatsächlichen Jenseitsreisen/Astralreisen schon länger zurückliegen, wird diese Reise weniger als Erlebnisbericht, sondern deutlich stärker in mythologischen Bildern ausgedrückt, was im Allgemeinen bedeutet, daß Bilder aus der Jenseitsreise des Sonnengottes oder des Vegetationsgottes benutzt werden.

Es gab bei den Hethitern noch große, einflußreiche Priestergemeinschaften, die in klosterartigen Gemeinschaften zusammenlebten und selbst gegenüber dem König eine Machtstellung innehatten. Sie werden eine Weiterentwicklung der indogermanischen Schamanenbünde sein.

II 4. Ost-Indogermanen

II 4. a) Inder

Der Gott Shiva weist alle Merkmale eines Schamanen auf: die Trance durch Versenkung (Meditation) oder Tanz (Gott des Tanzes), der Kontakt mit dem Jenseits

(Erkennen der eigentlichen Realität), die Wiederzeugung (Gott des Tantras), Tod und Wiedergeburt (Symbol der Mondsichel in seinem Haar), Hellsichtigkeit (Öffnen des Dritten Auges) und die Schlange als Jenseitsweg (Erwecken der Kundalinischlange im Yoga).

Buddha beschränkt sich im Gegensatz zu Shiva auf die stille Form der Ekstase, also auf die Meditation.

Die Brahmanen waren die Nachfolger der alten Schamanenbünde, deren Tradition in noch stärkerem Maße durch die Yogis, die sozusagen der aktive Teil der Brahmanen waren, erhalten, weiter erforscht und weiter differenziert wurden, während die Brahmanen eher die Bewahrer der Tradition waren.

Die Yogis und Brahmanen der Inder haben die Jenseitsreise zu differenzierten Meditationstechniken weiterentwickelt.

| *meditierender Shiva* | *tanzender Shiva* | *Buddha* |

II 4. b) Perser

Der Kavi der Perser war der Leiter der Schwitzhütten und der Seher.

Von ihnen ist zwar kein einzelner Schamane oder Schamanengott bekannt, aber man kann die Magier genannten persischen Priester wohl mit großer Sicherheit als die Fortsetzung der indogermanischen Schamanenbünde auffassen. Die magischen Fähigkeiten der Mitglieder der persischen Schamanenbünde, die sich „Magier" nannten, war so groß, daß deren Name den Begriff „Magie" geprägt hat.

Auch bei den Persern wandelte sich die Tradition der Schamanen um 600 v.Chr. in Mysterien um: der Mithras-Kult. Mithras entspricht in etwa Odin bei den Germanen, Janus bei den Römern und Cernunnos bei den Kelten.

II 4. c) Skythen

Von den Skythen sind zwar keine Schamanen bekannt, aber die von ihnen bekannten Schwitzhütten werden wohl, wie allgemein üblich, von einem Schamanen geleitet worden sein. Herodot berichtet, daß die Skythen *„drei Stangen aufstellten, eine Filzdecke möglichst dicht darüberspannten und dann eine Menge glühender Steine in eine unter die Stangen und die Decke gestellte Wanne warfen. ... ... Den Samen von diesem Hanf nehmen die Skythen mit in ihre Filzzelte und werfen ihn auf glühende Steine, auf denen er verdampft, sodaß kein griechisches Dampfbad dieses Bad übertrifft. Den Skythen aber ist solch ein Dampfbad ein Hochgenuß, und sie kreischen dabei vor Behagen. "*

Die von Herodot berichteten „Wannen" könnten mit den mit Hanfsamen gefüllten Bronzebecken identisch sein, die man in skythischen Kurganen (Grabhügeln) gefunden hat. Diese Bronzebecken müssen ihrem Zustand und Aussehen zufolge lange dem Feuer oder der Hitze ausgesetzt gewesen sein.

Nebenbei berichtet Herodot in diesem Text auch davon, daß die Griechen Dampfbäder benutzten. Ob auch diese Dampfbäder und evtl. auch die römischen Thermen auf die alte Tradition der Schwitzhütten zurückgehen, ist zwar nicht sicher, aber doch immerhin denkbar.

Falls die Badehäuser der Griechen, Römer und Balten tatsächlich von den Schwitzhütten abstammen sollten, wären sie der Versuch, die Schwitzhütte architektonisch für eine größere Anzahl von Menschen zugänglich zu machen, wobei sie dabei allerdings außer bei den Balten nach und nach ihren spirituellen Gehalt verloren und zu reinen Saunen und Thermen wurden.

II 4. d) Thraker

Von ihnen ist kein Schamane oder Schamanengott bekannt. Allerdings weist Zalmoxis, der Religionserneuerer der Daker (thrakischer Stamm), deutlich schamanische Züge auf. Zalmoxis unternahm weite Reisen und meditierte mehrere Jahre in einer Höhle in einem Berg in Thrakien bzw. reiste in dieser Zeit in den Hades, bevor er den Dakern die Unsterblichkeit der Seele, den Monotheismus und Ekstasetänze lehrte. Sein Name bedeutet möglicherweise „Bärenfell", was auf einen Zusammenhang mit dem Schamanismus, in dem das Fell des Großraubtiers das Kennzeichen der Schamanen ist, hinweisen würde. Der Bär als Tier des Schamanen ist von den Germanen (Odin) und ansatzweise auch von den Hethiter (Gleichsetzung von Bär und Panther), Kelten (Artaios) und Griechen (Artemis) bekannt.

19

Wie bei den Griechen verwandelte sich auch der Schamanismus der Thraker um ca. 600 v.Chr. in die orphischen Mysterien.

Der thrakische Sänger Orpheus ist geradezu zu dem Urbild des magiekundigen Sängers geworden. Aufgrund seiner Jenseitsreise wird auch er auf die Schamanen zurückgehen – er repräsentiert wie die germanischen Skalden, die keltischen Barden und die indischen Brahmanen den Schamanen-Aspekt des „Bewahrers der Tradition".

II 4. e)   Griechen

Den Griechen war der Schamane unter der Bezeichnung „Goms" bekannt. Er wurde in der klassischen Epoche zwar schon etwas abfällig als „Zauberer" angesehen, aber in Notfällen bat man ihn dann doch um seine Hilfe. So berichtet z.B. Plutarch davon, daß der Sparta-Fürst Pausanias, nachdem er um 467 v.Chr. im Tempel der Chalkioikos eingemauert worden und deshalb verhungert war, dort solange spukte, bis sein ruheloser Geist im Auftrag der Stadt Sparta von einem Goms ins Jenseits geleitet wurde.

Bei seiner Tätigkeit sang der Goms und arbeitet aus seiner eigenen Kraft und Fähigkeit heraus, d.h. er rief seine Trance nicht mithilfe von Tränken hervor – was ein typisches Kennzeichen für einen lebendigen Schamanismus ist, in dem die Schamanen ihre Tätigkeit aufgrund ihrer konkreten Fähigkeiten innehatten.

Ursprünglich sang der Goms vor allem bei Bestattungen, wie dies für Schamanen naheliegend ist, da die Begleitung der Toten ins Jenseits ihre zentrale Aufgabe war. Der Name „Goms" leitet sich von einer griechischen Bezeichnung für „Totenklage" ab. Mit diesen Totenklageliedern werden die von den Kelten „Amra" genannten Biographien von wichtigen verstorbenen Personen gemeint sein. Die germanische Entsprechung sind die Loblieder, die die Skalden auf die verstorbenen Fürsten und Könige gedichtet haben.

Der Goms der Götter war Hermes, der die Toten ins Jenseits geleitete und der mit seinem Stab einschläfern und wecken konnte. Die Schlangen an dem Stab des Hermes und die (Seelenvogel-)Flügel an seinem Helm, seinen Sandalen und an seinem Stab sind weitere Hinweise auf seine Funktion als Seelenführer.

Von Empedokles werden auch Totenbeschwörungen und Regenzauber berichtet, die zu den grundlegenden Aufgabenbereichen der Schamanen gehören.

Eine deutliche Verbindung zum Schamanismus kann man auch bei dem Ekstasegott Dionysos feststellen.

Der Schamanismus hat sich bei den Griechen zu Beginn der klassischen Epoche um ca. 600 v.Chr. in die Mysterien von Eleusis weiterentwickelt, die die Erlebnisse der Schamanen für die Allgemeinheit zugänglich machten.

Es gibt noch einige mythologische Schamanen bei den Griechen: Charon ist vermutlich der bekannteste aller Jenseitsfährmänner. Der bekannteste Sänger der Griechen ist Homer. Er ist aber auch der Seelenführer. Auch Herakles hat durch seine Jenseitsreisen einige Ähnlichkeit mit einem Schamanen.

links Hermes, in der Mitte der zweigesichtige Argos mit Pantherfell, rechts Io; Griechen, 450 v.Chr.

Herakles

II 5. Indogermanen

Aufgrund den Überlieferungen über die Schamanen bei den einzelnen indogermanischen Völkern kann man ein folgende Bild der Schamanen bei den ursprünglichen Indogermanen, die von 7000-2800 v.Chr. in der südrussichen Steppe nördlichen des Schwarzen Meeres und des Kaspischen Meeres gelebt haben, skizzieren.

Dabei hilft eine Übersicht über die schamanischen Traditionen der einzelnen indogermansichen Völker:

die indogermanischen Schamanen				
Thema		**Zweig der Indogermanen**		
		Westen	*Süden*	*Osten*
Schamanengemeinschaft		Kelten, Germanen, Slawen	Hethiter	Inder, Perser
Hirsch		Kelten		
Weltenbaumes		Kelten, Germanen	Hethiter	Perser
Scha-ma-nen-gott	Weltenbaum	Kelten		
	Hirsch	Kelten		
	Jenseitsfährmann	Kelten, Germanen		Griechen
	Einweihung, Mysterien	Kelten, Germanen		Inder, Perser, Thraker, Griechen
	Seelenführer	Römer, Germanen		Griechen
	zweigesichtig	Römer		
	„2" = Diesseits und Jenseits	Römer, Germanen		
	Augensymbolik	Germanen		
Sänger		Kelten, Germanen		Inder, Perser, Thraker, Griechen
Meditation		Kelten, Germanen		Inder, Thraker
Herzchakra		Germanen		Inder
Tanz				Inder, Griechen
Kundalini		Kelten, Germanen		Inder
Name: „Vatos"		Kelten, Römer, Germanen		
Seher		Kelten, Römer, Balten	Hethiter	Inder, Perser, Griechen
Magier		Kelten	Hethiter	Inder, Perser
Sprechen mit Totenschädel		Kelten, Germanen		Thraker
mit Ahnen sprechen		Germanen	Hethiter	
Kampf-Ekstase		Kelten, Germanen		
Schwitzhütte		Kelten?, Germanen?, Römer?, Slawen, Balten		Perser, Skythen, Griechen?

Einige Merkmale sind sehr deutlich, da sie in allen drei Zweigen der Indogermanen vertreten sind:

- die Schamanenbünde,
- der Seher,
- der Magier, und
- der Weltenbaum.

Dazu kann man recht sicher auch noch mehrere Merkmale rechnen, die in nur zwei der drei Zweige auftreten:

- der Seelenführer
- der Jenseitsfährmann
- die Einweihungen und Mysterien,
- den Sänger, der die Tradition bewahrt,
- die Meditation,
- das Herzchakra,
- die Kundalini,
- das Sprechen mit den Ahnen,
- das Benutzen eines Totenschädels beim Sprechen mit den Ahnen, und
- die Schwitzhütte.

Es ergibt sich somit bei den Indogermanen weitgehend das klassische Schamanenbild:

Die Schamanen geleiteten die Seelen der Toten in das Jenseits, wobei sie als Seelenführer und auch als Jenseitsfährmann erscheinen. Auf den Wunsch der Hinterbliebenen sprachen sie dann später auch mit den Toten, wobei sie z.T. die Schädel der Verstorbenen benutzt haben. Der Jenseitsweg war oft der Weltenbaum.

Sie konnten meditieren und ihre Kundalini sowie ihr Herzchakra erwecken und waren Seher und Magier.

Sie waren in Schamanenbünden organisiert, leiteten die Schwitzhütten und später auch die Einweihungen und die Mysterien und sie waren die Sänger, die die Tradition bewahrt haben.

III Schamanen in der Jungsteinzeit

III 1. Übersicht

Als in Mesopotamien vor 13.000 Jahren der Ackerbau erfunden wurde, mußte die altsteinzeitliche Weltanschauung weiterentwickelt werden, da die Menschen nun in sehr viel größeren Gruppen lebten und eine ganz andere Ernährungsgrundlage hatten. Zudem begannen sie nun, Städte zu bauen und Tempel zu errichten. Aus den Jägern und Sammlern wurden nun Bauern, Viehzüchter, Handwerker, Stadtwächter, Händler und vieles mehr.

Diese jungsteinzeitliche Kultur ist bis zu ihrem Ende um ca. 3.000 v.Chr. sehr einheitlich gewesen. Sie begann im Norden von Mesopotamien und hatte sich am Ende auf ganz Kleinasien, Europa, Indien und Nordostafrika ausgedehnt.

Im Zentrum dieser Kulturen steht die Große Mutter, die die Geburt und die Wiedergeburt gibt. Sie ist wie schon in den Höhlenmalereien eng mit der Kuh als Symbol der Fruchtbarkeit verbunden.

Bei den Germanen findet sich die Göttin in Freya, Frigg und Idun wieder, während die Kuh zu der Urkuh Audhumbla wurde, die am Anfang der Zeit die ersten Wesen aus dem Eis leckte.

Das Motiv der Seelenzeugung ist weit verbreitet gewesen, wobei vermutlich die Szene am bekanntesten ist, in der die ägyptische Göttin Isis sich auf den Penis des toten Osiris setzt und dabei von ihm den Falkengott Horus als Sohn empfängt. Horus ist zugleich der starke Sohn und der Seelenvogel des Osiris.

Der Seelenvogel findet sich bei den Germanen in Odins Raben, in den Federhemden der Göttin, in den Walküren und noch an einigen andern Stellen wieder. Das Motiv des starken Sohnes hat ganz offensichtlich Thor übernommen. Der „starke Sohn" war ursprünglich die als stark erwünschte Seele im Jenseits. Da man sowohl die eigenen Kinder im Diesseits als auch seine eigene Seele im Jenseits zeugte, vermischten sich beide Vorstellungen zu dem „starken, vogelgestaltigen Sohn" (z.B. Horus).

Der Ackerbau brachte es mit sich, daß man die Welt in zwei Hälften aufteilte: Ackerland und Wildnis.

Das Ackerland ist bei den Germanen Midgard, in dem die Menschen wohnen, während die Wildnis Utgard ist, das Midgard umgibt und in dem die Riesen wohnen. Unter Midgard liegt Hel, die Unterwelt, und über Midgard liegt Asgard, die Welt der

Ahnen und Götter, die nun schon in den Himmel verlegt worden ist. Das Himmels-jenseits entstand durch die intensivere Beschäftigung mit dem Sonnenlauf und dem Sternenhimmel, durch die man die richtige Jahreszeit zur Aussaat feststel-len konnte.

Durch die Beobachtung des Sternenhimmels und des Sonnenlaufes bildete sich neben der Wasserunterwelt und der Höhlenunterwelt nun auch die Vorstellung eines Himmelsjenseits, in dem dann die Sterne die Seelen waren.

Daraus ergab sich dann wiederum die Symbolik des Weltenbaumes, der Himmel und Erde, Diesseits und Jenseits, Götter und Menschen miteinander verbindet. Diese Symbolik muß schon aus der Mittelsteinzeit (30.000 – 11.000 v.Chr.) oder aus der frühesten Jungsteinzeit (11.000 v.Chr.) stammen, da bereits Jericho, die erste Stadt, die je erbaut wurde (9.000 v.Chr.) einen Turm als zentrales Gebäude enthält, der sozu-sagen ein zu Stein gewordener Weltenbaum ist.

Die wichtigsten Varianten dieser Symbolik, von der viele in der germanischen Mythologie vorkommen, sind der Weltenbaum (Yggdrasil), der Turm (Turm der Seherinnen), der Weltenberg (Asgard), die Regenbogenbrücke (Bifröst), die Pyra-mide, das Seil und der Rauch des Opferfeuers.

Der Gott der Wildnis und der Gott des Ackerlandes waren fast immer Zwillinge. Das Gleichnis zwischen dem Leben und dem Sterben des Getreides und dem Leben und Sterben des Menschen wurde dabei in dem sterbenden und wiedergeborenen Korngott personifiziert.

Dieses Zwillingsgötterpaar ist bei den Germanen Hödur und Baldur, wobei Baldur auch der sterbende und wiedergeborene Korn- und Vegetationsgott ist. Es zweites sol-ches Götterpaar sind Odin und sein Blutsbruder Loki. Ursprünglich sind der Sommer-gott Tyr und der Wintergott Loki dieses Paar gewesen.

Der Seelenvogel läßt sich in der gesamten Jungsteinzeit bei allen Völkern nach-weisen, da diese Symbolik durch jeden Beinahetod mit einer Astralreise, den ein damaliger Mensch erlebte, erneuert und bestätigt wurde.

Der Schamane wurde aufgrund der Vorstellung von der Unterwelt als einer Insel in einem Meer oder als einem Land hinter einem breiten Fluß allgemein zu einem Jenseitsfährmann.

Diese Szenerie findet sich bei den Germanen anschaulich in dem Harbardlied geschildert.

Aus den Ahnen werden allmählich Götter, indem einige besonders wichtige Ahnen über lange Zeit hin weiter verehrt wurden und somit von konkret erinnerten Personen allmählich zu Urbilder wurden, die eine bestimmte Qualität oder Handlung darstellten.

Auf diese Weise sind auch die männlichen Götter bei den Germanen entstanden, wobei Odin ein vergöttlichter Schamane ist. Die Göttinnen sind hingegen verschiedene Aspekte der Muttergöttin.

Gegen Ende der Jungsteinzeit, als das Königtum entstand, wurde die Sonne und der Sonnengott als Symbol des Königtums immer wichtiger und in vielen Fällen verdrängte und tötete der neue Königsgott die alte Muttergöttin – dadurch wurde aus der Muttergöttin entweder Eva als Verursacherin der Ursünde oder sie wurde wie in Babylonien gleich von dem Königsgott getötet.

Der König übernimmt nun zumindest offiziell die Rolle des Schamanen als Verbindungsglied zu den Ahnen und den Göttern und trägt nun in dieser Funktion und auch als „stärkste politische Person" das Großraubtierfell als sein Zeichen.

Bei den frühen Ackerbauern gab es auch noch eine allgemeine auffällige Sitte: Sie legten den Schädel eines Verstorbenen in eine Nische des Wohnraumes und benutzten ihn als „Wohnung" für die Seele dieses Verstorbenen, die von dem Schamanen aus dem Jenseits in diesen Schädel zurückgeholt wurde. Diese Schädel wurde dann oft mit Ton plastisch modelliert, sodaß sie dem Gesicht des Verstorbenen ähnelten. Die bekannteste dieser Totenmasken ist sicherlich die goldene Totenmaske des Tutenchamun.

Bei den Germanen finden sich nur wenige Anspielungen auf diese alte Sitte wie z.B. in der Szene, in der Odin mit dem Schädel Mimirs spricht – also sich in einer Traumreise mit der Seele des toten Mimir unterhält.

Die gemeinsamen religiösen Wurzeln u.a. der Germanen und der Ägypter in der Kultur der früh-jungsteinzeitlichen Jäger in Mesopotamien um 10.000 v.Chr. zeigt sich u.a. in den Ähnlichkeiten der Mythen von Odin und Osiris.

So wie alle Ägypter nach ihrem Tod von dem Falkengott Horus zu Osiris in seine Gerichtshalle kamen, so war Odin der Herr Walhallas, wohin die Toten von den Walküren gebracht wurden. Die beiden Wölfe, die Odin begleiten und die nach germanischer Vorstellung dem Mond nachjagen und ihn teilweise fressen und so seine Phasen verursachen (so wie der Ibisgott Thot in Ägypten), sind eine Analogie zu Anubis und Wepwawet, da die Wölfe und die Schakale Jenseitsführer sind und mit dem Tod (abnehmender Mond) und der Wiedergeburt (zunehmender Mond) verbunden sind.

Hugin und Munin, Odins Raben, sind die Seelenvögel des Schamanen und entsprechen den Falkengöttern Horus und Sokar. Odin ist wie Osiris nicht der eigentliche Herrscher des Jenseits: Dies ist bei den Germanen die Göttin Hel („Höhle") und bei den Ägyptern die Göttin Hathor, also die Große Mutter – Odin bzw. Osiris ist lediglich der wichtigste (vergöttlichte) Tote/Schamane im Jenseits.

Odin und Osiris sind auch beide die Ahnherren und Beschützer der Könige ihres jeweiligen Volkes.

Die Zahl „2" ist eng mit Odin verbunden, denn ihn begleiten zwei Wölfe und zwei Raben und auch sein achtbeiniges Pferd Sleipnir ist offensichtlich die Zusammensetzung zweier Pferde. Auch aus Sibirien ist das Pferd als Reittier der Schamanen gut bekannt. Mit ihm reitet der Jenseitsführer in das Reich der Toten, um die Seelen dorthin zu begleiten bzw. um sie aus dem Jenseits zurückzuholen. Meistens war das Schamanenpferd ein Schimmel – vermutlich in Anlehnung an die Tiermütter, die auch immer das „große, weiße (jeweilige) Tier" sind. In Ägypten hat das Pferd des Odin in dem Stiergott Apis und in dem Krokodilgott Sobek zwei Paralellen, da diese den toten Osiris auf ihrem Rücken ins Jenseits tragen. Die „2" findet sich in Ägypten bei Hathor wieder, deren wichtigstes Symbol eine Säule (Weltenbaum) war, an dem sich zwei in entgegengesetzte Richtungen blickende Hathor-Köpfe befanden.

Auch das Thema der Baumgöttin, die den Toten Leben spendet (da der Baum der Weg zu ihr ist), findet sich bei beiden Göttern: Osiris ist während seines Todes im Djed-Pfeiler (Palme) bzw. in dem Maulbeerfeigenbaum (Sykomore) der Hathor, die den Toten das Lebenswasser spendet, verborgen, während Odin und die anderen Gottheiten der Germanen von der Göttin Idun die Äpfel vom Welten- und Lebensbaum erhalten, die sie unsterblich machen – und Odin ist zwar bei seiner Jenseitsreise nicht wie Osiris in dem Weltenbaum verborgen, aber er hängt an diesem Baum.

Odin ist auch eng mit dem „Lebenswasser" der Muttergöttin verbunden: mit dem Göttermet.

Die Symbolik des zerstückelten bzw. in der Sykomore verborgenen Osiris findet sich auch bei Odin wieder: Er hing drei Tage lang von einem Speer verletzt am Weltenbaum und reiste „sich selber geweiht" (Odin als Totengott) ins Jenseits und erhielt daraufhin seine magischen Kräfte. Darauf, daß dies ursprünglich die Wiedergeburt der Seele durch die Göttin gewesen war, weist das Federgewand hin, das die Muttergöttin Frigg-Freya hin und wieder dem Loki lieh und mit dessen Hilfe sich dieser dann in einen (Seelen-) Vogel verwandeln konnte, was genau dem sumerischen „die Toten sind gekleidet wie Vögel" entspricht.

Die Kraft/Ekstase des Schamanen wird in Ägypten durch den ekstatischen Hathorkult und in Nordeuropa durch den Namen Odins, der sich von Wotan, der „wuot", also „Wut" bedeutet, ableitet, wobei diese Wut eigentlich „Ekstase, außer sich sein (Astralreise)" bedeutet. Diese Ekstase findet sich bei den germanischen Schamanen und bei den Berserkern wieder, die sich, so wie sich Odin auch zum Kriegsgott weiterentwickelt hat, ebenfalls von Schamanen zu Ekstase-Kämpfern weiterentwickelt haben. Der Name Berserker bedeutet „Bärenfell (-Männer)" – womit sie die Entsprechung zu den ägyptischen Sem-Priestern sind, die das Fell des Leoparden, also des vordynastischen ägyptischen Großraubtieres, tragen.

Der Name des germanischen Weltenbaumes, „Yggdrasil", der „Pferdepflock" bedeutet, wird klarer, wenn man die ältesten religiösen Vorstellungen der anderen indogermanischen Völker, insbesondere der Inder, zum Vergleich heranzieht. Diese frühen Reitervölker setzten ihre Fürsten in mit Ocker (rot = Lebenskraft) gefüllten Hügelgräbern, die den Pyramiden entsprechen, bei.

Im Krönungsritual der indogermanischen Einwanderer in Indien war um 1.200 v.Chr. das Pferdeopfer der zentrale Teil. Dieses Pferdeopfer war an die Stelle des älteren, in Mesopotamien und Ägypten noch üblichen Stieropfers getreten, als die Indogermanen das Reiten erfanden und dadurch das Pferd eine so hervorgehobene Stellung erlangte. Das Pferd stellte bei dem Krönungsritual den König selber dar. Nach vielen Vorbereitungen wurde das Pferd und somit symbolisch auch der König getötet, woraufhin sich die Königin mit dem getöteten Pferd und somit symbolisch auch mit dem toten König sexuell vereinigte, woraufhin der König dann „wiedergeboren" wurde und nun als jemand, der sich durch diese symbolische Jenseitsreise den Kontakt zu den Ahnen und den Göttern erworben hatte, gekrönt wurde. Dieses Ritual entspricht ganz der alten Seelenzeugungssymbolik, die sich auch in Ägypten an vielen Stellen findet, sowie der kretischen Sage vom Minotaurus, der aus der Vereinigung einer Königin (Muttergöttin) mit einem Stier (Toter) entstand. Auch von den Germanen sind Mensch-Pferd-Mischgestalten und Mensch-Ziege-Mischgestalten bekannt. Diese Mischwesen sind u.a. auch der Ursprung des Bildes des gehörnten Teufels mit einem Pferdefuß.

In diesen magisch-mythologischen Vorstellungen, die mit der Krönung verbunden sind, stirbt der König, wobei der Stier bzw. später das Pferd das Symbol seiner Zeugungskraft und auch die Entsprechung zu der Großen Göttin als Kuh ist, von der der König dann nach seiner sexuellen Vereinigung mit ihr wiedergeboren wird. Die Königin steht hier also stellvertretend für die Große Göttin und der Stier bzw. das Pferd stellvertretend für den toten König. Der Stier bzw. das Pferd muß getötet werden, da es sich nur dann tatsächlich im Jenseits befindet. In Ägypten wurde dem Osiris bei seiner Bestattung ein Stier („Apis") geopfert, mit dem er dann gleichgesetzt wurde, weshalb diese Gestalt dann „Osiris-Apis", auf griechisch „Serapis" genannt worden ist.

Diese Wiederzeugungs-Symbolik findet sich in leicht variierter Form auch bei den Sumerern und Babyloniern, wo sich der König mit der Hohepriesterin auf der Spitze der Stufenpyramide vereint, um dadurch die Verbindung zu den Göttern wieder herzustellen und das Land mit Fruchtbarkeit zu segnen.

Eine Variante dieser Symbolik bei den frühen Indogermanen ist das Mitbestatten einer Sklavin im Grab des verstorbenen Fürsten, die im Jenseits die Muttergöttin darstellte, mit der zusammen der Fürst dann seine Seele zeugte.

Bei dem indogermanischen Pferdeopfer im Zusammenhang mit der Krönung galt der Pflock, an den das Pferd bei seiner Opferung gebunden war, als die Mitte der Welt, also als der Weltenbaum, was den Namen des germanischen Weltenbaumes

Yggdrasil, der „Pferdepflock" bedeutet, verständlich werden läßt. Seine Symbolik ist folglich identisch mit der des ägyptischen Weltenbaumes, an dem entlang der Tote zur Himmelsgöttin gelangte, um als „Stier seiner Mutter" sich selbst, d.h. seine Seele zu zeugen.

In den Pyramidentexten gibt es eine dem „Pferdepflock" sehr ähnliche Vorstellung: Isis und manchmal auch Nephthys werden dort des öfteren als „Anlegepfosten" bezeichnet, also als der Pfahl, an dem man die am Ufer liegenden Schiffe vertäut. Da der Weg ins Jenseits mithilfe des Jenseitsfährmannes auf seiner Barke hinüber in das jenseitige Land führte, entspricht hier die Barke dem Pferd, der Anlegepflock dem Pferdepflock, und Isis/Nephthys der germanischen Idun, der Göttin des Weltenbaumes.

Ganz ähnliche Vorstellungen finden sich auch in der altägyptischen Krönungssymbolik und in den Vorstellungen vom Jenseits, aus denen heraus diese Krönungssymbolik entstanden ist: Der König mußte, um König sein zu können, eine Verbindung zu den Ahnen bzw. später zu den Göttern haben, und mußte daher vor seiner Krönung ins Jenseits reisen, d.h. symbolisch sterben und wiedergeboren werden – er mußte sozusagen (zumindestens) rituell zu einem Schamanen werden, da er als König an die Stelle des Schamanen trat, der vorher Erde und Himmel, Menschen und Ahnen bzw. Götter miteinander verbunden hat. Dies wurde im Krönungsritual durch das Niederlegen und Wiederaufrichten der Himmelssäule (Weltenbaum) dargestellt.

Die späte, verkürzte Symbolik dieser Jenseitsreisen-Szenerie ist dann das Ausgesetztwerden auf dem Fluß wie z.B. bei Mose und dem babylonischen König Sargon von Akkad.

Das Wiedergeborenwerden durch die kuhgestaltige Göttin ist vermutlich der älteste Teil dieser Symbolik, der sich später in Ägypten und bei den Druiden darin zeigt, daß sich die Druiden und der Sem-Priester (ägyptischer Schamane) bei ihren Jenseitsreisen in ein Rinderfell hüllten. Dieser Brauch ist auch von den Germanen bekannt, die sich auf ein Kuhfell setzten, um Tote aus dem Jenseits herbei zu rufen und um Rat zu fragen. Man kann also vermuten, daß Swipdag auf einem Kuhfell saß, als er seine Mutter Groa aus dem Jenseits herbeibeschworen hat.

Dieser Brauch geht darauf zurück, daß die Toten (wenn sie es sich leisten konnten) in Kuhfellen begraben wurden und sich somit schon in der kuhgestaltigen Muttergöttin befanden, die sie dann im Jenseits wiedergebar.

In Odins achtbeinigem Pferd kann man nebenbei auch eine Parallele zu den oft vielarmigen Göttern Indiens sehen, die ebenfalls aus der Vereinigung von verschiedenen Göttern bzw. verschiedenen Aspekten einer Gottheit zu einem Gott entstanden sind. Ein ähnliches Motiv ist in Kleinasien die Artemis („Bärengöttin") mit den tausend Brüsten oder im weiteren Sinne auch die ägyptischen Vorstellung von der Achtheit der Urgottheiten, die eigentlich mit Atum identisch ist, weshalb sie als seine Kinder dargestellt werden.

Dem Götterpaar „Osiris – Seth" entspricht bei den Germanen das Paar „Tyr/Odin – Loki" und bei den Indern „Prajapati (ein „zerstückelter Gott") – Rudra" oder später dann „Brahma – Shiva". Interessanterweise werden sowohl Seth als auch Rudra „der Rote" genannt, wobei rot schon in der Altsteinzeit das Symbol des Blutes und des Lebens war (Ocker).

Die Korngott-Aspekt des Osiris findet sich bei den Germanen von Odin getrennt in dem Sommer- und Vegetationsgott Baldur wieder.

Auch die Germanen kannten das Kannibalismus-Motiv, das in Ägypten vor allem aus der langen Kannibalismus-Hymne aus den Pyramidentexten bekannt ist: Der Urriese Ymir wurde zerstückelt und aus ihm dann das Weltall erschaffen. Ymir als Urriese, aus dem die gesamt Welt erschaffen wurde, findet sich in Ägypten als der Gott Atum wieder, der ebenfalls die gesamte Erde darstellt.

Ansonsten fällt beim Vergleich von Odin und Osiris noch auf, daß Odin eines seiner Augen opferte, um vom Brunnen am Fuße der Weltesche trinken zu dürfen und dadurch allwissend zu werden. In Ägypten spendete Hathor als Baumgöttin den Toten ihre lebenspendende Milch. Das Auge war im Alten Ägypten auch eines der wichtigsten Seelensymbole, das mit Vorliebe als Flügelsonne, die das Auge des Horus, d.h. den Horusfalken als Seelenvogel des Osiris darstellte.

Sehr deutlich finden sich diese Zusammenhänge in der germanischen Prosa-Edda dargestellt: Odin reist zu dem Berg der Riesen (Unterwelt), um den Göttermet (Milch der Göttin) zu holen, wozu er sich zunächst in eine Schlange verwandelt, dann in den Berg kriecht (Weltenberg), sich dort mit der Riesentochter (Große Göttin), die den Met bewacht, sexuell vereint (Seelenzeugung), sich daraufhin in einen Adler (Seelenvogel) verwandelt und mit dem Met nach Walhalla zurück-fliegt.

Die beiden bekanntesten Namen aus der keltischen Mythologie entsprechen den beiden wichtigsten Gestalten in diesen Mythen: Artus bedeutet „Bär", der das Schamanen-Krafttier ist, und Merlin bedeutet „Falke", der der Seelenvogel ist.

Bisweilen finden sich auch Übereinstimmungen in kleinen Details, die sich aus der damaligen Weltsicht ergaben. So trug z.B. der Richtergott Bragi auf seiner Zunge eine Rune (vermutlich die Tyr-Rune), damit er gerechte Urteile sprechen konnte, und in Ägypten schrieben sich die Vorlesepriester bisweilen mit grüner Tinte die Hieroglyphe für „Richtigkeit" („Ma'at") auf ihre Zunge, damit sie sich beim Rezitieren von schwierigen Texten nicht versprachen.

Durch den Vergleich der Mythologie der Indogermanen (Germanen, Kelten, Griechen, Inder, Perser u.a.), der Ägypter und der Sumerer zeigt sich deutlich deren gemeinsames Erbe aus Zeit der mesopotamischen Ackerbauern in der Jungsteinzeit, aus dem heraus sie entstanden sind. Das zentrale, alles prägende Element ist dabei die Jenseitsreise.

Der wichtigste Bestandteil dieser Symbolik ist die Große Mutter, die die Toten in der Gestalt von Seelenvögeln wiedergebiert. Diese Vogelgestalt ist durch das Erlebnis der Astralreise entstanden. Das Jenseits selber war ursprünglich in den tiefen Wassern (Gebärmutter), dann auch unter der Erde (Begräbnis) und schließlich im Himmel (Seelensterne). Spätestens in der Jungsteinzeit kam dann das Motiv der Seelenzeugung und die Korn-Mensch-Analogie hinzu. Die Kuhgestalt der Göttin und die Stiergestalt der Toten betonten deren Fruchtbarkeit bzw. Zeugungskraft, die für die Wiedergeburt nötig waren. Das Großraubtier war zunächst das Symbol des stärksten Jägers, dann das Symbol des Schamanen und schließlich das Symbol des Königs.

III 2.   Die einzelnen Völker

III 2. a)   Sumer

Von den Sumerern ist der Ekstasepriester „Machu" bekannt, dessen Name „hoch" bedeutet. Dieses „hoch" bezieht sich sowohl auf den hohen Himmel, zu dem er reist, als auch auf den hohen Bewußtseinszustand, in dem er sich dabei befindet („high sein"). Auch das altägyptische Wort „chai" für „hoch" hat diese Doppelbedeutung.

Ein erster Ansatz für die Ausbildung eines Schamanengottes findet sich in dem Sonnengott Uto, der für Inanna den Weltenbaum fällt, damit sie sich aus dem Holz des Baumes Thron und Bett bauen kann. Der den Weltenbaum fällende Gott findet sich sehr viel später dann in der keltischen Mythologie als der Gott Esus wieder.

III 2. b)   Elam

Aus Elam ist der Seher und somit der Schamane nur indirekt dadurch bekannt, daß die Tempel „Ort des Schauens" genannt wurden, womit nicht nur das äußere Sehen der Statue der Gottheit, sondern auch die Vision der Gottheit gemeint ist.

III 2. c)   Harappa

Die Harappa-Kultur, deren Menschen eng mit den Elamitern verwandt waren, endete um 1.200 v.Chr., als der Hauptfluß in dem Gebiet der Harappa-Kultur, die Saraswati, aufgrund eines Erdbebens einen neuen Verlauf annahm und die Hälfte des Landes vertrocknete. Zu etwa derselben Zeit kamen zudem die Indogermanen nach Indien und beschleunigten den Untergang dieser Kultur.

Die Gestalt der Harappa-Kultur sitzt wie Cernunnos und die indischen Yogis mit untergeschlagenen Beinen, was damals allerdings wohl eine weitverbreitete Sitzweise gewesen sein wird. Sie scheint allerdings nicht im Schneidersitz, sondern im Lotussitz zu sitzen. Sie befindet sich auch nicht direkt auf dem Erdboden, sondern auf einem Schemel oder flachen Thron.

Sie trägt auf ihrem Kopf vermutlich die Hörner eines Wasserbüffels. Sie hat vier Gesichter wie viele indogermanische Sonnengötter. Unter ihrem Thron befinden sich zwei Ziegenböcke, Steinböcke o.ä., deren Zweizahl und Symmetrie wohl auf Diesseits/Jenseits und somit auf die Wiedergeburt hinweisen, für die sie dem Mann die Zeugungskraft geben.

Neben seinem Kopf befinden sich ein Wasserbüffel, ein Nashorn, ein Elefant und ein Tiger. Über seinem Kopf sind Schriftzeichen zu sehen. Leider ist die Schrift der Harappa-Kultur noch nicht entziffert worden.

Der Mann befindet sich offenbar in konzentrierter Meditation. Er ist daher vermutlich ein Schamanengott, der zugleich möglicherweise den Sonnengott darstellt oder zumindest durch seine vier Gesichter wie später Brahma als „allessehend" und somit auch „allgegenwärtig" dargestellt wird. Ob auch dieser Schamane schon wie die Brahmanen und die Druiden das „Landschaftsbewußtsein" gekannt hat, also sein Bewußtsein auf die Dinge, die ihn umgaben, ausdehnen konnte, ist zwar nicht sicher, aber doch recht wahrscheinlich.

Bis auf das Nashorn finden sich diese Symbole auch auf dem Kessel von Gundestrup.

Von dem „gehörnten Yogi" aus Harappa gibt es noch eine zweite Darstellung, auf der das Töten eines Stieres dargestellt ist. Falls dies ein Stieropfer im Zusammenhang mit einer Jenseitsreise sein sollte, hätten auch die Bewohner von Harappa dieselbe Jenseitsreisesymbolik gehabt wie die Kelten – was nicht verwunderlich wäre, da auch die Bewohner von Harappa zu den nostratischen Völkern, also zu den Nachkommen der Menschen von Göbekli Tepe zählen.

„Yogi" aus Harappa

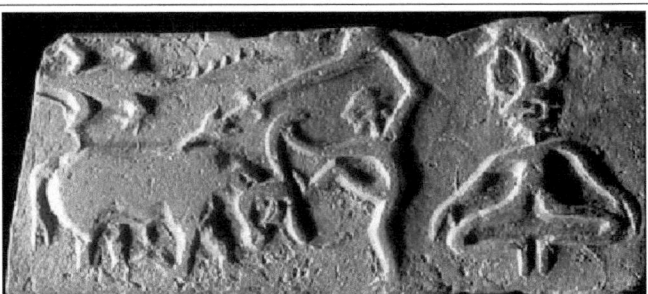

Stieropfer für den „Yogi" aus Harappa

Da sich auch sonst feststellen läßt, daß in dem gesamten Bereich, der in der Jungsteinzeit von den nostratischen Ackerbauern aus Mesopotamien besiedelt worden ist, eine sehr einheitliche Bilderwelt bestand, kann man davon ausgehen, daß sich zu der damaligen Zeit ein Indogermane, ein Ägypter, ein Sumerer und ein Inder aus der Harappa-Kultur über religiöse Fragen mühelos hätten verständigen können.

III 2. d) Ugarit

Aus Ugarit ist das Marzihu-Totenfest bekannt, bei dem sich der Oberpriester als irdischer Vertreter des Götterkönigs El mit Hilfe eines Rauschtrankes in eine Trance versetzt, in der ihm der Unterweltsgott Haby erscheint. Daraufhin fällt der Oberpriester/El in Ohnmacht, d.h. er verläßt mit seinem Astralkörper seinen Körper und reist in die Unterwelt (tatsächliche Jenseitsreise). Schließlich erwecken ihn die Göttinnen Anat und Astarte wieder mit ihren Arzneien aus seiner Trance, d.h. sie holen ihn in seinen materiellen Körper zurück.

III 2. e) Ägypten

Im ägyptischen Bestattungsritual ist der Sem-Priester („Helfer") deutlich als Schamane zu erkennen, da er sich in ein Rinderfell hüllt und in einer Trance ins Jenseits reist, um von dort die Seele zu ihrer Mumie bzw. Statue zurückzuholen.

Er hatte auch bei der Krönung eine zentrale Rolle, da auch bei diesem Ritual die Verbindung zu den Göttern das Wesentliche war. Später übernahm der Cheri-Hebet („Vorlesepriester", wörtlich: „Halter der Fest-Papyrusrolle"), der ursprünglich in etwa die Funktion der keltischen Barden und der germanischen Skalden hatte, die Funktion des Sem. Sowohl der Sem als auch der Cheri-Hebet waren für ihre magischen Fähigkeiten bekannt.

Der Schamane und vor allem die vorägyptische Schamanen-Tradition der Ureinwohner am Nil findet sich in der Gestalt des bärtigen und dickbäuchigen Schamanengottes Bes, dessen Tempel so gut wie immer an die Tempel der Muttergöttin Hathor angeschlossen gewesen sind.

Sem-Schamane/Priester auf der Jenseitsreise (in ein Fell gehüllt auf einem flachen „Thron")	*Sem-Priester, der ein Ritual leitet*	*Bes*

III 2. f) Indogermanen

Die Indogermanen werden wie in der Jungsteinzeit Schamanenbünde gehabt haben, die vor allem die Bestattungen durchführten, aber auch Schwitzhütten leiteten. Sie werden auch die „intellektuelle Kaste" der Indogermanen gewesen sein.

Ein Schamanengott ist zu dieser Zeit eher unwahrscheinlich, da sich bei den Indogermanen kein einheitliches Bild der Schamanengötter zeigt und dieser Typ Gottheit bei den Indogermanen auch nicht besonders häufig ist.

III 3. Zusammenfassung

Daraus ergibt sich folgender Stammbaum der Schamanen bei den nostratischen Völkern:

Alt-steinzeit: Hirsch-tänzer, Stiertänzer	**Sumerer:** Machu, Jenseitsfährmann			
	Elamo-Drawiden: Seher			
	Semiten, Afroasiaten:	**Semiten:** Chumut-Tabal		
		Ägypter: Sem, Cheri-Hebet, Jenseitsfährmann, Bes		
	Indo-germanen:	**Hethiter:** Patili-Priester		
		Gräco-Inder:	**Gräco-Thraker:**	**Griechen:** Goms, (Homer), Hermes, Charon
				Thraker: Zalmoxis, Orpheus
			Skytho-Inder:	**Skythen:** Schwitzhüttenleiter
				Indo-Perser: **Inder:** Yogis, Brahmanen, Shiva
				Perser: Kavi, Magier, Mithras
		Slawo-Romanen:	**Balto-Slawen:**	**Slawen:** Priestergemeinschaften, Schwitzhüttenleiter
				Balten: Svantevit-Priester, Schwitzhüttenleiter
		Germano-Romanen:	**Germanen:** Gode, Skalde, Odin	
			Kelto-Romanen:	**Kelten:** Druide, Barde, Cernunnos, Esus, Manannan mac Lir
				Römer: Auguren, Janus, Merkur

Die Schamanen, Sänger, Seher und Seherinnen waren fast immer eng mit dem Sonnengott, der zugleich der Göttervater (bei den Indogermanen Dhyaus) war, verbunden. Orpheus verehrte z.B. den Apollo, dem auch das Orakel von Delphi unterstand, und der baltische Seher auf Rügen war ein Priester des viergesichtigen Sonnengottes Svantevit („Alleseher").

Von den Indogermanen und den anderen Nachkommen der frühen Ackerbauern (nostratische Völker) sind die folgenden Seherinnen-Priesterinnen, die z.T. auf Schamaninnen zurückgehen, bekannt – wobei diese Liste vermutlich nicht ganz vollständig ist:

35

Volk	Schamanin	Seherin	Priesterin	Hexe
Kelten	Druidin	Wala, Veleda		Hexe
Römer			Vestalin	
Germanen		Völuspa, Groa		Hexe
Slawen		Seherin	Priesterin	Baba Yaga
Griechen		Phytia (Delphi)	Priesterin	Hexe
Inder	Yogini	Yogini		Hexe
Hethiter	Tawananna		Pupuwanni	alte Frauen
Ägypter			Priesterin	
Sumer			Priesterin	
Tibet	Dakini			

IV Schamanen in der Altsteinzeit

Die älteste religiöse Vorstellung findet sich an einer eher unerwarteten Stelle – bei den Pelyco-Sauriern vor 280.000.000 Jahren. Diese Saurier erfanden die Warmblütigkeit und waren die Vorfahren der Säugetiere und der Beuteltiere. Sie lebten zudem in großen Herden und erfanden den „Kindergarten" – sie waren die ersten Tiere, die sich um ihre heranwachsenden Jungen kümmerten, wodurch deren Gedeihen wesentlich sicherer wurde.

Durch dieses Verhalten trat ein neues Element in das Erleben der damaligen Tierwelt: der Schutz durch die Mutter. Von den Nachkommen dieser Saurier wurde dann bald auch das Stillen erfunden, was über die Milch der Mutter zu einem zentralen religiösen Symbol wurde. Weiterhin erfanden die Nachkommen dieser Saurier das Fell (konstante Körperwärme) und vor allem auch das Lebendgebären, also das Heranwachsen der Nachkommen im Mutterleib statt im Ei – wo sie wesentlich besser geschützt waren.

So entstand das Bild der Mutter mit allen seinen Aspekten: Gebärerin (Geburt und später auch Wiedergeburt), Ernährerin (Milch), Beschützerin (Höhle der Gebärmutter) und dadurch die Orientierungsgestalt schlechthin in der Welt.

Hier liegt der letzte Ursprung der germanischen Muttergöttinnen Freya, Frigg, Idun usw., der Ursprung des Kessels und der schützenden Höhle (Gebärmutter), der Ursprung des Wiedergeburtsmotives im Jenseits (Analogie zur Geburt im Diesseits) und auch der Ursprung des Göttermets, des heiligen Trankes, der die Unsterblichkeit verleiht.

Die Säugetiere (und auch die Beuteltiere) erfanden noch etwas: das Großhirn und die damit verbundene Lernfähigkeit. Die Reptilien handeln aus festgelegten „Programmen", den Instinkten heraus, während die Säugetiere die Möglichkeit der Erinnerung haben, aufgrund derer sie sich ein neues, persönliches Verhalten erwer-ben können.

Für das neugeborene Säugetier ist zunächst einmal die eigene Mutter das Vorbild für sinnvolles Verhalten, weshalb sie die eigene Mutter nachahmt. Dies Verhalten und die Schwierigkeit, das von der eigenen Mutter oder den eigenen Eltern erlernte Verhalten wieder zu verändern, ist auch heute noch Thema fast jeder Therapie.

Aus dieser Orientierung und deren großem Nutzen für das Individuum ergibt sich die Verehrung der Eltern und schließlich der Ahnenkult, der letztlich einfach darauf beruht, daß die eigenen Vorfahren einem jeden Menschen gezeigt haben, wie sie am besten den Herausforderungen der Welt begegnen können.

Auch viel später bei den Germanen holte sich noch Swipdag Rat bei seiner toten Mutter, die er zu diesem Zweck aus dem Jenseits herbeirief, und auch Odin reitet des öfteren in die Unterwelt zu der Jenseitsgöttin oder besprach sich mit Frigg, wenn er dringend Rat benötigte.

Die damaligen Pelyco-Saurier und ihre ersten Säugetier- und Beuteltier-Nachfahren lebten in großen Herden und hatten somit neben dem Erlebnis der persönlichen Mutter auch noch das Erlebnis des kollektiven Schutzes in der Gruppe.

Nun findet sich bei fast allen Säugetieren und Beuteltieren ein auffälliges Verhalten, das sich nicht durch praktische Gründe wie Nahrungssuche oder Paarung erklären läßt: Die meisten Warmblütler einschließlich der Vögel treffen sich in größeren Abständen in großen Gruppen. Bei den Elefanten sind dies vier Jahre, bei den meisten anderen Tiere finden diese Treffen jährlich oder in noch kürzeren Abständen statt. Dabei läßt sich beobachten, daß diese Tiere offenbar sehr „aufgeregt" sind, sich gegenseitig „begrüßen" und bisweilen auch rhythmische Bewegungen machen, die man im weitesten Sinne als Tanz bezeichnen könnte. Am bekanntesten ist wohl der Bärentanz, bei dem sich die Bären aufrecht und mehr oder weniger im Kreis rhythmisch hin- und herschaukeln.

Diese Treffen haben bei den verschiedenen Tierarten einen verschiedenen Charakter, aber es ist nie ein praktischer Grund für diese Treffen ersichtlich. Sie sind, rein technisch gesehen, eine kurzfristige Rückkehr zu dem Leben in großen Herden wie bei ihren Urururahnen, den Pelyco-Sauriern – was das Phänomen als solches aber noch nicht erklärt.

Nun gibt es ein mythologisches Motiv, das vor allem bei den Prärie-Indianern in Nordamerika bekannt ist: Jede Tierart hat eine „Muttergöttin" so wie auch die Menschen eine Muttergöttin haben – zumindest trifft dies für die Warmblütler zu. Diese Tiermutter findet sich in den betreffenden Indianermärchen meistens in der Mitte ihrer Tiere, die dabei oft menschliche Züge haben.

Da diese Märchen oft ihre Wurzel in Visionen haben, liegt es nahe, einmal selber eine Traumreise zu diesen Tiermüttern zu machen. Bei einer Traumreise ist man gleichzeitig im Wachbewußtsein und im Traumbewußtsein, d.h. man erlebt bei vollem Bewußtsein die innere Bilderwelt. Wenn man nun auf einer solchen Traumreise alleine oder zusammen mit anderen Personen zu einer solchen Tiermutter reist, findet man sie meistens in der Mitte eines Kreises von Tieren ihrer Tierart. Sie selber ist etwas größer als die anderen Tiere und weiß und durchscheinend und strahlend. Daher werden diese Tiermütter meisten „Große weiße Wölfin", „Großer weißer Adler" u.ä. genannt. Der „Weiße Elefant" oder der „Weiße Büffel" ist immer etwas Besonderes – das spürt selbst heute noch fast jeder zivilisierte Mitteleuropäer …

Man kann daher vermuten, daß diese Tiertreffen im Grunde die erste religiöse Versammlung von Lebewesen sind, bei denen sie sich ihrer Muttergöttin bewußt werden. Wenn man auf einer Traumreise eine solche Tiermutter sieht, sieht man die Identität dieser Tierart – ihr Anblick ist zutiefst heilend und klärend und orientierend und gibt dem eigenen Verhalten die Selbstverständlichkeit zurück.

Man kann sich auf solchen Traumreisen selber als Tier erleben, weil jeder Mensch ein Tier als Verbündeten hat, das im allgemeinen „Krafttier" genannt wird. Die Traumreise zu der Tiermutter des eigenen Krafttieres ist natürlich dann die naheliegendste Traumreise, wenn man eine Tiermutter erleben will.

Diese Tiertreffen, also diese Tiermutter-Feste, sind die frühesten Vorläufer des gesamten Kultes der Muttergöttin bei den Menschen und aller Vorstellungen, die mit ihr verbunden sind. In Bezug auf diese Muttergöttin haben alle Warmblütler dieselbe Religion …

Man darf vermuten, daß sich auch die Menschen in der Steinzeit in regelmäßigen Abständen zu solchen Treffen in größeren Gruppen versammelt haben. Dies war der Anfang der menschlichen Religion. Hier liegt auch der Ursprung von Frigg, Freya, Idun, Gunnlöd …

Das Krafttier ist auch als Clantier oder als Totem bekannt. In der Regel findet man sein Krafttier durch eine Visionssuche oder eine Traumreise zur eigenen Seele, also durch eine Jenseitsreise, bei der man aber seinen eigenen Körper nicht wie bei der Astralreise verläßt.

Das Krafttier ist ein Phänomen, daß sich in Kulturen auf allen Kontinenten nachweisen läßt und das auch bei „modernen Menschen" auftritt, wenn sie danach suchen. Man kann sich diese Verwandtschaft eines Menschen zu einem Tier so vorstellen, daß jeder Mensch aufgrund seines Horoskopes bzw. seiner Absicht für dieses Leben einen bestimmten Charakter hat. Das Tier, das von seinem Wesen her am genauesten diesem Charakter entspricht, wird sozusagen durch „Resonanz" oder „Sympathie" zu einem Verbündeten dieses Menschen.

Neben dem Krafttier gibt es auch noch einen Stein und eine Pflanze, die mit einem Menschen auf dieselbe Weise verbunden sind. Das Tier zeigt die Dynamik des betreffenden Menschen, die Pflanze die Haltung dieses Menschen und der Stein die Strukturen dieses Menschen.

Da die Vorstellung über die Existenz eines Krafttieres weltweit verbreitet ist und man es relativ einfach finden kann, ist anzunehmen, daß das Krafttier auch schon den Steinzeitmenschen bekannt war – aber man weiß natürlich nicht, ab wann dies zu einem ausformulierten Konzept wurde. Es ist allerdings anzunehmen, daß dies recht früh geschehen sein wird, da die Steinzeitmenschen von der Jagd und vom Sammeln lebten, also in ständigem Kontakt mit den Tieren waren.

In der germanischen Mythologie erscheint das Krafttier vor allem noch als die Verwandlung von Göttern, Riesen oder Zwergen in ein Tier. Dabei ist allerdings der Vogel meist allgemein die Seele, die Schlange ein Unterweltsreisesymbol und der Bär das Schamanentier, aber bei den übrigen übrigen Tieren wird es sich um das Krafttier des Betreffenden handeln. Dazu zählen z.B. die Verwandlung des Sohnes des Riesen

Hreidmar in einen Otter, die des Zwergen Andwari in einen Hecht und die des Loki in einen Lachs oder eine Stute.

Damit ist natürlich ursprünglich keine tatsächliche körperliche Verwandlung in das eigene Krafttier gemeint auch wenn dies in den Mythen so beschrieben wird, aber während man sich bewußt mit seinem Krafttier identifiziert, erlangt man ganz real einen Großteil der körperlichen und auch einige der magische Fähigkeiten, die zu diesem Tier gehören.

Es ist leicht vorstellbar, daß die damaligen Jäger, um eine erfolgreiche Jagd zu haben, wie in den noch heute bekannten Jagdzaubern sich eben eine erfolgreiche Jagd vorstellten und sie vor der eigentlichen Jagd pantomimisch und tänzerisch aufführten. Heute würde man das positives Denken nennen …

Um auf der Jagd erfolgreich zu sein, lag es nahe, sich mit dem Großraubtier zu identifizieren, um dessen Kraft zu erhalten. Die älteste Zeichnung, die überhaupt bekannt ist, wurde vor 300.000 Jahren auf einen Knochen geritzt und stellt einen Löwen dar.

Es ist gut denkbar, daß ein Jäger, der einmal einen Löwen oder einen Bären erlegt hatte, anschließend dessen Fell als Zeichen seiner Stärke trug und es auch bei seinen Jagdzaubern benutzte, um diese Stärke immer wieder in sich wachzurufen. Hier liegt der erste Anfang für Odins Bärenfell-Umhang.

In entspannten Zuständen oder in besonderen Erregungszustände geschieht es ab und zu spontan, daß man die Lebenskraft wahrnimmt. Dieses milchigweiße Leuchten mit einem leichten Blauschimmer kann man am leichtesten um die Köpfe von Menschen wahrnehmen und auch über frischen Gräbern, an frischgeschlachteten Tieren oder kurz nach dem Orgasmus. Es gibt keinen Grund zu der Annahme, daß die damaligen Menschen solche Wahrnehmungen nicht gehabt haben können. Man kann also vermuten, daß die Menschen schon recht früh die Vorstellung von einer Lebenskraft gehabt haben.

Diese Annahme läßt sich durch folgenden Versuch indirekt bestätigen: Man kann sich z.B. einmal möglichst intensiv ein weißes, umherhoppelndes Kaninchen vor der Nase eines dösendes Hundes vor und dann schauen, wie er reagiert … Wenn auch Hunde so etwas wahrnehmen können, dann sollten es auch die Steinzeitmenschen gekonnt haben.

Die Lebenskraft ist unter anderem auch eng mit der Telepathie verbunden – die Telepathie ist eine Sinneswahrnehmung des Lebenskraftkörpers. Wenn man von hinten her intensiv angestarrt wird, wird einem unbehaglich und man dreht sich um und sucht nach der Ursache. Hier haben sich die Überlebensinstinkte dauerhaft gegen den Verstand durchgesetzt, der möglicherweise behaupten mag, daß es keine Telepathie gäbe – und die Instinkte haben einen guten Grund gehabt, sich durchzusetzen, denn einen im Gebüsch lauernden Tiger nicht zu spüren, ist ausgesprochen ungünstig …

Da der wichtigste Aspekt der Großen Mutter neben der Geborgenheit bei ihr ihre Fruchtbarkeit war, lag es nahe, sie mit den Herdentieren zu assoziieren, so wie man den stärksten Jäger mit dem Großraubtier assoziierte. Auch das „Fest" der Muttergöttin war eine Rückkehr in den geborgenen Zustand der Herde.

Dabei war die Assoziation zwischen der Großen Mutter und der Kuh offenbar am stärksten, da sich in den Höhlenmalereien viele Frau-Kuh-Mischgestalten finden und die ganzen späteren Muttergöttinnen in der Jungsteinzeit und in der frühen historischen Zeit die Gestalt einer Kuh haben oder eng mit der Kuh verbunden sind.

Bei den Germanen blieb davon vor allem die Urkuh Audhumbla erhalten, die zu Beginn der Welt die ersten Geschöpfe aus dem Eis leckte.

In der Altsteinzeit läßt sich immer wieder Kannibalismus nachweisen. Dieser Brauch kann zwei Gründe haben: extreme Hungersnöte und die Vorstellung, durch das Verspeisen des Leibes und somit auch der Lebenskraft eines verstorbenen, sehr guten Jägers dessen Fähigkeiten für die Sippe zu erhalten.

Kannibalismus ist durchaus nichts Exotisches gewesen und läßt sich auch in fast allen frühen Kulturen nachweisen.

Von diesem Brauch leiten sich alle Zerstückelungsmotive in der Mythologie ab wie z.B. die Zerstückelung des Urriesen Ymir, aus dem dann nach germanischer Vorstellung die Welt erschaffen wurde: der Schädel wurde der Himmel, das Gehirn die Wolken, das Fleisch die Erde, das Blut die Flüsse, die Knochen die Berge usw.

Das Nahtoderlebnis wird in den damaligen gefährlichen Zeiten vermutlich ein durchaus häufiger auftretendes Erlebnis gewesen sein. Daher ist auch anzunehmen, daß die Steinzeitmenschen das Erlebnis der Astralreise, also das Schweben über ihrem eigenen Körper gekannt haben werden. Daraus ergibt sich zwangsläufig die Vorstellung einer Seele, die unabhängig von dem Körper existieren kann.

Da sich dieses Schweben oder Fliegen auf bildhafte Weise am einfachsten durch den Vergleich mit einem Vogel beschreiben läßt, wird die Seele auf der ganzen Welt vor allem als Seelenvogel dargestellt: als Vogel, Mensch mit Vogelkopf, Vogel mit Menschenkopf, Mensch mit Federgewand, Mensch mit Flügeln (Engel) usw.

Der Seelenvogel findet sich bei den Germanen in Odins Raben, in Odins Verwandlung als Adler und in Freyas Vogelhemd wieder.

Es lag nahe, diese Vogelseele als die Lebenskraft des Menschen oder zumindestens als das „Gefäß" dieser Lebenskraft aufzufassen.

Dieses „out of body"-Erlebnis, das häufig „Astralreise" genannt wird, ist letztlich die Grundlage der Religion, da es zeigt, daß es mehr gibt als den physischen Körper – die Religionen sind letztlich die Erforschung und Beschreibung dieses nicht-physischen Bereiches.

Die Vorstellung einer Seele läßt sich indirekt durch die ersten Bestattungen vor 280.000 Jahren nachweisen, da eine Bestattung nur einen Sinn gibt, wenn man sich den Toten als in irgendeiner Weise weiterexistierend vorstellt.

Aus der bewußten und gezielten Wiederholung einer Astralreise ergibt sich dann der Schamanismus – die Fähigkeit, bewußt seinen eigenen Körper zu verlassen und zu der eigenen Seele bzw. zu den Seelen der Verstorbenen zu gehen, wie dies noch heute in Nahtoderlebnissen geschieht.

Der Schamane als stärkster Magier bzw. als handlungsfähigster spiritueller Spezialist wird schon damals das Großraubtierfell von dem erfolgreichsten Jäger als sein Abzeichen übernommen haben, da das Großraubtierfell (Löwe, Tiger, Panther, Puma, Jaguar, Orca) weltweit ein sicheres Kennzeichen der Schamanen ist.

Odin ist der vergöttlichte Schamane in der germanischen Religion, der hier vor mindestens 280.000 Jahren und vermutlich noch deutlich früher seine Wurzeln hat. Das Bärenfell des Odin und seiner Berserker ist eben dieses uralte Abzeichen der Schamanen.

So wie es bei vielen Dingen der Fall ist, ist auch die Astralreise keine Erfindung der Menschen. Wenn man auf einem Bauernhof aufgewachsen ist, kennt man vermutlich das Phänomen, daß Hühner, wenn sie Panik bekommen, wie tot umfallen und dann erst später, wenn die Gefahr vorbei ist, wieder „zum Leben erwachen" – dies sind die Ohnmachten und Nahtod-Erlebnisse der Hühner.

Da der Astralkörper aus der Lebenskraft besteht und jedes Lebewesen und jedes Ding Lebenskraft enthält, besitzt auch jedes Lebewesen einen Astralkörper, der im Angesicht einer unentrinnbaren tödlichen Bedrohung den Körper verläßt – und in ihn wieder zurückkehrt, falls das Lebewesen doch überlebt.

Die verschiedenen Muttergöttinnen der Menschen und der Tiere sind in gewisser Weise die Essenz der jeweiligen Art von Lebewesen – das Urbild des Bildes, das der Astralkörper in dem jeweiligen Lebewesen ist. Der Körper wird lebendig und heil durch den Lebenskraftkörper (Astralkörper) und dieser wird lebendig und heil durch die Muttergöttin …

Es wird für die Steinzeitmenschen nahegelegen haben, die Ankunft im Jenseits analog zu der Geburt im Diesseits auch als eine Geburt aufzufassen – diesmal von der Muttergöttin statt von der leiblichen Mutter. Dies ist der Ursprung der Wiedergeburtsvorstellungen.

Odins Hängen am Weltenbaum und seine drei Nächte bei Gunnlöd, nach denen er sich in einen Adler verwandelte, ist auch eine solche Wiedergeburt.

Das Jenseits selber vermutete man sehr wahrscheinlich entweder unter der Erde oder in den tiefen Wassern – die Ahnenseelen, die man ja nicht sehen konnte, mußten dort sein, wo man nicht hingelangen kann. Die ältesten Jenseitsvorstellungen sind in allen Kulturen die Wasserunterwelt. Dies wird unter anderem auch eine Erinnerung und eine Analogiebildung zu den Wassern in der Gebärmutter vor der Geburt gewesen sein. An diese Zeit im Bauch der eigenen Mutter kann man sich auch in tiefer Meditation selber wieder erinnern.

Der Eingang in die Unterwelt ist daher entweder eine Höhle, ein Brunnen oder eine Quelle oder die Überquerung eines Flusses – was alles Bilder sind, die auch noch aus der germanischen Mythologie bekannt sind.

Den Ahnen im Jenseits begegnet fast jede Person, die ein Nahtoderlebnis hat – die Verstorbenen stehen auf der anderen Seite des Jenseitsflusses und erwarten den „fast-toten" Menschen.

Der Einfluß der Verstorbenen auf die Lebenden ist durchaus ganz real. Dies kann man am besten durch die Teilnahme an einer Familienaufstellung erleben, bei der Personen, die sich untereinander gar nicht kennen, die Familiensituation einer bestimmten Person darstellen. Die Person X weiß dabei in der Regel lediglich den Namen der Person Y, die sie bei der Aufstellung repräsentiert. Wenn sie nun diese Rolle annimmt, kann es z.B. sein, daß sie zu hinken beginnt, weil Y eben gehinkt hat – ohne das X dies wußte.

Dies ist eins der Erlebnisse, die man mit Worten letztlich nicht vermitteln kann, sondern die man erlebt haben muß, um die dabei wirkenden Kräfte spüren zu können. Dasselbe trifft auch für das Wahrnehmen der Lebenskraft (Hellsehen) und die Astralreise zu.

Man kann vermuten, daß im Laufe der Altsteinzeit auch die Phasen des Mondes bemerkt worden sind und auch die Spannung, die jeweils bei Vollmond „in der Luft liegt". Da auch oft die Menstruation auf Vollmond fällt, ist es gut möglich, daß die damaligen Menschen schon eine recht gute Vorstellung von der Qualität des Vollmondes hatten.

Hier liegen die Ursprünge der Astrologie. Die Germanen sahen den zunehmenden Mond als besonders günstig für alle Arten von Unternehmungen an. Deshalb wurden z.B. Opferfeste nur bei zunehmendem Mond abgehalten.

Von dieser Orientierung an den Mondphasen hat sich bis in unseren heutigen Kalender die Datierung des Osterfestes erhalten: Ostern ist stets am 1. Sonntag nach dem 1. Vollmond nach Frühlingsanfang.

Als die Menschen vor 600.000 Jahren auch den kalten Norden von Eurasien zu besiedeln begannen, ergab sich die Notwendigkeit, wie die Tiere die Jungen zu Beginn des Frühlings zu gebären, damit sie während der warmen Jahreszeit heranwuchsen und so eine größere Überlebenschance hatten. Daher entstand bei den

Menschen als Analogie zu der Brunftzeit bei den Tieren das Paarungsfest ungefähr zu Mittsommer, das sich noch heute im Brauchtum im ganzen nördlichen Eurasien und auch im nördlichen Nordamerika nachweisen läßt.

Die europäische Variante davon ist Beltane/Walpurgis in der Nacht zum 1. Mai, das das Fruchtbarkeits- und Paarungsfest der Kelten war. Von den Germanen ist ein solches Fest nicht bekannt.

Aus dieser Paarungsnotwendigkeit ergibt sich, daß die Steinzeitmenschen fast alle das Sternzeichen Widder hatten, bisweilen auch mal Fische oder Stier – aber die andern neun Tierkreiszeichen werden so gut wie nie vorgekommen sein …

Aus der Zeit vor 600.000 Jahren, als die Menschen in den kalten Norden zogen, ist auch die erste Hütte bekannt und es ist anzunehmen, daß die Menschen nun auch Kleidung trugen, um sich warm zu halten.

Eine alte Methode, um eine Hütte zu heizen, besteht darin, daß man vor der Hütte Steine im Feuer erhitzt und sie dann in die Hütte trägt und diese wieder verschließt. Mit solchen heißen Steinen wurde bei verschiedenen Völkern auch gekocht – die heißen Steine kamen einfach in die Suppe in einem Fellsack, die sich daraufhin erhitzte.

Nun kann man sich gut vorstellen, daß man, wenn ein halb erfrorener Jäger zur Hütte zurückkehrte, besonders viele heiße Steine in die Hütte holte, um sie gut zu heizen und den Jäger wieder zu erwärmen. Auf diese Weise entstand die Schwitzhütte.

Es lag nun nahe, die Schwitzhütte mit den Mutterfesten zu kombinieren – zumal die Höhle und die Hütte die Assoziation zu dem Bauch der Mutter nahelegten. Wenn man jetzt noch Trommeln und Singen hinzunimmt, die es schon in den Mutterfesten gegeben haben könnte, sowie die Fähigkeit des Schamane, mit den Ahnen und somit auch mit der Großen Mutter und den Tiermüttern Kontakt aufzunehmen, dann hat man eine Schwitzhütte, so wie sie heute noch von vielen Indianern und einigen sibirischen Völkern benutzt wird.

Von der Schwitzhütte als „Kessel" und dem Kannibalismus leiten sich vermutlich solche Vorstellungen her wie das Zerstückeln des Kwasir oder die im Schamanismus weitverbreitete Vision des Jenseitsreisenden, der zunächst ins Jenseits zu den Ahnen kommt, dort zerstückelt und in einen Kessel geworfen wird und dann aus diesem Kessel wiedergeboren heraussteigt. Das Zerstückeln stammt aus dem Kannibalismus und der Kessel ist der Bauch der Mutter.

In der Höhlenmalerei, die vor 40.000 Jahren begann, finden sich Darstellungen der Großen Mutter, wobei sie in einem Fall ein Horn in ihrer Hand hält, daß wohl ein Symbol für ihren Schoß ist, durch den sie alle Menschen im Diesseits und alle Seelen im Jenseits gebiert. In einem anderem Fall ist die Große Mutter wie auf einer

Skatkarte zweifach dargestellt worden ist – die Geburt im Diesseits und die Wiedergeburt im Jenseits.

Diese Verdoppelung (ein Oberkörper weist nach oben und aus ihm wächst ein zweiter nach unter heraus) ist die erste überlieferte Darstellung des Diesseits-Jenseits-Paares, das sich in Odins lebendem und toten Auge, in seinen zwei Raben, seinen zwei Wölfen, seinen Doppel-Pferd, in Tyrs lebender und in seiner toter (abgebissener) Hand und in vielen anderem zeigt.

Auf einem anderem Bild liegt ein toter Mann mit erigiertem Penis und neben ihm steht ein Stab, auf dem ein Vogel sitzt. Man kann annehmen, daß der Penis auf die Seelenzeugung hinweist und daß der Vogel die Seele dieses Toten ist. Der Stab könnte bereits ein Symbol für den Weltenbaum und somit ein sehr früher Vorläufer des Zauberstabes sein, den auch Odin in seiner Hand hält.

Das häufigste Kennzeichen der Schamanen ist das Fell des Großraubtiers, das ihre magische Stärke symbolisiert, so wie es vorher die körperliche Stärke des Jägers und nachher die politische Macht des Königs und die körperliche und spirituelle Kraft des Helden darstellte.

Löwenmann
Altsteinzeit

Sem-Priester
Ägypten

Chilam Balam
Mayas

Herakles
Griechen

Berserker
Germanen

Shiva
Indien

Schamane
Nuer, Sudan

Hl. Christopherus
Europa
(ohne Pantherfell)

V   Die Mysterien

V 1.   allgemein

Um 600 v.Chr. gab es von China bis Europa eine große „kollektive Entdeckung": das selbstverantwortliche Ich. Diese neue Lebenshaltung wurde gleichzeitig von vielen religiösen Lehrern gepredigt: in China von Lao-tse und Kung-fu-tse, in Indien von Buddha, Jaina, Patanjali und von den Brahmanen, die zu dieser Zeit die Upanishaden verfaßt haben, in Persien von Zarathustra, in Thrakien von Zalmoxis und in Griechenland von Sokrates und Pythagoras.

Als Hilfe zum Erlangen dieser neuen Haltung wurde die Jenseitsreise der Schamanen und Priester zu einer Einweihung für die Allgemeinheit umgewandelt: In Indien entstand dadurch das Prajapati-Ritual, in Persien die Mithras-Mysterien, in Syrien die Mysterien der Kybele und des Attis/Adonis, in Griechenland die Mysterien von Eleusis, in Thrakien die Mysterien des Dionysos und die Mysterien des Orpheus sowie die Mysterien von Samothrake, und in Rom die Rituale des Sol Invictus und des Liber Pater.

Die ägyptischen Rituale des Osiris und der Isis ähnelten vom Thema her diesen Mysterien. Sie waren jedoch vor 600 v.Chr. kollektive Landwirtschafts- und Jenseitsrituale, die sich erst ab 600 v.Chr. in Mysterienkulte verwandelten. Die Mysterien und Feste der Isisfeste nahmen nach und nach die meisten anderen Mysterien in sich.

Die Einweihung der Druiden, wie sie auf dem Kessel von Gundestrup um 400 v.Chr., also 200 Jahre nach der Gründung der Mysterien beschrieben wird, stand nicht isoliert in der damaligen Welt da – zumal die Kelten regen Kontakt zu den Thrakern, Griechen und Römern hatten und die Thraker, die den Kessel schmiedeten, gleich drei Mysterien besaßen: die von Samothrake und die des Orpheus bzw. des Dionysos.

Lao-tse und Kung-fu-tse beschrieben beide den selbständigen Menschen, der wach und präsent auf seine Situation blickt und dann entscheidet, was sinnvoll zu tun ist. Während Lao-tse jedoch die Hingabe an das Ganze („Tao") als Methode benutzt, empfiehlt Kung-fu-tse im Gegensatz dazu die moralische Disziplin. Beide betonen jedoch die Notwendigkeit, sich ein eigenes Urteil zu bilden und selber die Verantwortung für das eigene Leben in die Hand zu nehmen.

Buddha ähnelt von seiner Methode Lao-tse, aber er entwickelte eine sehr viel detaillierte Methodik des Verhaltens und der Meditation. Sein Vorgehen ist eine schrittweise Jenseitsreise, bei der alles losgelassen und bei der allem zugestimmt wird. Damit ist aber keine Passivität gemeint, sondern ein sehr aktives Wiederfinden der allem zugrundeliegenden Einheit. Buddha lehrte ähnlich wie Lao-tse, daß die wirkliche Eigenständig nur dadurch erreicht werden kann, daß man das Festhalten an den eigenen Gedanken, Gefühlen und Vorstellungen losläßt und dadurch der eigentlichen inneren Realität Raum gibt, sichtbar zu werden. Dies entspricht dem Finden der eigenen Seele bei der Jenseitsreise nach dem rituell-symbolischen Tod.

Jaina betonte im Unterschied zu Buddha den Gegensatz zwischen dem guten und dem schlechten Verhalten. Er hatte dasselbe Ziel wie Buddha, aber seine Methode entsprach eher der des Kung-fu-tse in China.

Patanjali war der Begründer des Yoga, dessen Lehre auf den Upanishaden der Brahmanen aufbaut und sie in seinen Yoga-Sutras zu einer sehr gradlinigen Methode zusammenfaßt. Von seiner Methode her steht er Buddha deutlich näher als Jaina. Die Zeit, in der Patanjali lebte, ist recht unsicher, sodaß es nicht klar ist, ob er ein Zeitgenosse von Buddha und Jaina gewesen ist.

Zarathustra lehrte in Persien ebenfalls die Selbstverantwortung des Menschen im Gegensatz zu der früheren Ansicht, das man dem Willen der Götter mehr oder weniger hilflos ausgeliefert sei und nur versuchen kann, sie freundlich zu stimmen. Wie Kung-fu-tse und Jaina betonte auch Zarathustra den Gegensatz zwischen gut und böse und predigte als Methode daher strenge Vorschriften.

In Thrakien war es Zalmoxis, der eine Lehre der Selbständigkeit der Menschen lehrte. Er vertrat dieselbe Methode wie Kung-fu-tse, Jaina und Zarathustra und empfahl feste äußere Verhaltensformen.

Sokrates in Griechenland, der Begründer der Philosophie, stellte hingegen alles in Frage und prüfte, was eine Gewißheit und was nur eine Vorstellung war. Dieses Vorgehen ähnelt dem des Lao-tse und des Buddha. Pythagoras vertrat im Gegensatz zu Pythagoras eher die Methode der Gelehrsamkeit und Disziplin.

Die beiden grundlegenden Methoden, um die Selbständigkeit und Eigenverantwortung zu erlangen, waren die Hingabe an das größere Ganze und die moralische Disziplin. In allen diesen Lehren ist beides enthalten, aber der Schwerpunkt ist sehr verschieden:

Volk	Methode	
	Hingabe	*Disziplin*
nicht-indogermanisch		
Chinesen	Lao-tse, Dschuang-tse	Kung-fu-tse
indogermanisch		
Indien	Buddha, Patanjali	Jaina
Persien		Zarathustra
Thrakien		Zalmoxis
Griechenland	Sokrates	Pythagoras

Die Mysterien der Isis, die um ab 350 v.Chr. deutlich faßbar sind und bis 600 n.Chr. lebendig blieben, waren keine speziell ägyptische Tradition, sondern eher eine Zusammenfassung der verschiedenen Göttinnenmysterien des gesamten Mittelmeerraumes.

Die Mysterien des Osiris waren noch keine Mysterien im engeren Sinne, sondern das von allen Ägyptern gemeinsam gefeierte Fest des Korn- und Totengottes Osiris, in dem dessen Tod und Wiedergeburt gefeiert wurde, wobei sich jeder Teilnehmer des Festes innerlich mit Osiris identifizierte, der das Vorbild für ein gutes Leben und für die erfolgreiche Wiedergeburt war. Sie wurden erst im Zusammenhang mit den Mysterien der Isis auch zu einem Mysterienkult.

Bei den Westsemiten entwickelte sich der Gott mit dem Namen „Herr" (phönizisch: Adonis; aramäisch: Adonai) wie der ägyptische Osiris von einem Vegetationsgott zu einem Einweihungsgott weiter, der als Atunis auch bei den Etruskern und als Attis bei den Phrygiern bekannt war. Die Mysterien selber sind hauptsächlich durch Attis bekannt. Sie bestanden wie alle Mysterien aus der rituellen Darstellung von Tod und Wiedergeburt.

Die bekanntesten Mysterien stammen von den Griechen und Thrakern: die Mysterien von Eleusis, von Samothrake und die des Dionysos und des Orpheus. Die Vorgänge bei diesen griechischen Mysterien unterlagen der strengen Geheimhaltung, die heute mit dem Wort Mysterien in der Regel als erstes assoziiert wird. In diesen Mysterien erlebten die Eingeweihten symbolisch ihren eigenen Tod.

Von den Persern ist der Mithraskult gut bekannt, da er von den römischen Legionären übernommen und im gesamten römischen Reich verbreitet wurde. In seinen Mysterien geht es ebenfalls um Tod und Wiedergeburt.

Die Phrygier, die in der Westtürkei lebten, waren Thraker, die von den Gebieten nordöstlichen von Griechenland am Schwarzen Meer aus nach Anatolien eingewandert waren. Dort eroberten sie Teile des Gebietes der Lyder und der Hethiter. Sowohl sie selber als auch ein Teil der von ihnen unterworfenen Völker waren Indogermanen, sodaß man ihre Mysterien zu der indogermanischen Gruppe hinzurechnen kann. Die Muttergöttin in diesem Kult war Kybele und der wiedergeborene Gott Attis. Da Attis semitischen Ursprungs ist, kann man vermuten, daß der semitische Kult des Attis mit den zu ihm passenden Vorstellungen der Thraker und auch denen der Hethiter und Lyder zu den phrygischen Mysterien der Kybele und des Attis verschmolz.

In den frühen indischen Schriften wird das Prajapati-Ritual beschrieben, das aus dem Errichten eines Altars, der die Welt als Ganzes und ihre Ordnung darstellte und in seiner Mitte eine goldenen Statuette des Gott Prajapati als Essenz der Welt enthielt. Das Ritual selber bestand vor allem aus dem Opfern, d.h. Verschenken des gesamten Besitzes des Einzuweihenden. Dieses Loslassen allen Besitzes symbolisierte den Tod.

Die Jenseitsreise als Kernstück aller Einweihungen wurde von den indischen Brahmanen zum Yoga weiterentwickelt, das mit seinen vielfältigen Meditationen und Körperübungen eine allgemein zugängliche Methode war, um zu dem Erlebnis der eigenen Seele und der Götter zu gelangen. Diese Methoden wurden in den Upanishaden niedergeschrieben. Die Grundstruktur der meisten Meditationen beruht auf den Erlebnissen bei der Jenseitsreise.

Der römische Sol Invictus ist eng mit dem persischen Mithras verbunden und der Kult des Liber Pater mit dem des griechischen Dionysos.

Die Mysterien waren eine Methode, die den Teilnehmenden ermöglichen sollte, wie die Schamanen ins Jenseits zu reisen und dort den Kontakt vor allem mit der Muttergöttin, aber auch mit den Ahnen und letztlich mit der eigenen Seele zu erlangen. Dieser Kontakt hatte einen großen Selbsterkenntniswert, der durchaus angestrebt wurde, wie die Inschrift auf dem Tor des Orakels von Delphi „gnôthi seautón" („Erkenne Dich selbst") zeigt. Die Verbindung zu der Muttergöttin, den Ahnen und der eigenen Seele gab dem eigenen Leben zudem einen Segen, da man dann verstärkt unter dem Schutz dieser Wesen stand und bei ihnen Rückhalt fand.

Der zweite Spruch auf dem Tor von Delphi lautete „medén ágan" („nichts im Übermaß") und stellte die Methode dar, um zur eigenen Mitte zu finden. Diese Abkehr vom Extrem und Hinwendung zur goldenen Mitte war auch die Methode von Buddha, Lao-tse und Kung-fu-tse.

In diesen ganzen Mysterien ist entweder die Muttergöttin, zu der man während der Einweihung reist, oder der Gott, der als das eigene Vorbild bereits zu ihr gereist ist, die zentrale Gestalt. Die Bilderwelt in diesen Mysterien entspricht den damaligen Unterweltsvorstellungen: die Kuh der Muttergöttin, der Stier der Zeugungskraft, die Wasserunterwelt, das Feuer des Übergangs ins Jenseits, die Leiter in den Schacht, der in die Unterwelt führt usw.

Wie im Schamanismus finden sich auch in den Mysterien zwei entgegengesetzte Methoden: die Versenkung/Stille und die Ekstase/Tanz. Die erste Methode geht auf die Nachahmung des Todes zurück, während die zweite ihre Wurzeln letztlich in den altsteinzeitlichen Jagdtänzen hat, in denen man sich in das Bild des erfolgreichen Jägers hineinsteigerte. Die Mysterien von Eleusis und von Samothrake, das indische Yoga und die Einweihungen der Druiden gehören zu der „stillen Variante", während die Mysterien des Attis-Adonis und die des Dionysos zu der ekstatischen Variante zählen.

Die Verhaltenslehren und Meditationsanleitungen sowie die Mysterien, die diese Bemühungen unterstützen sollten, lassen sich ihrem Stil nach anordnen. Der Kult der Isis enthielt sowohl meditative als auch ekstatische Elemente, da in in ihren Mysterien alle Kulte des Mittelmeerraumes zusammengeflossen waren. Die Ansicht der Ägypter über das richtige Verhalten, das durch die Göttin Ma'at dargestellt wurde, enthielt sowohl die Hingabe an die Götter und an die eigene Seele („Gottheit im eigenen Herzen") als auch die ein verantwortungsbewußtes und gelassenes Handeln.

Volk	Methode			
	eigenes Verhalten		*Mysterien*	
	Hingabe	*Disziplin*	*Versenkung*	*Ekstase*
nicht-indogermanisch				
Chinesen	Lao-tse, Dschuang-tse	Kung-fu-tse		
Ägypten	Ma'at	Ma'at	Isis, Osiris	Isis
indogermanisch				
Indien	Buddha, Patanjali	Jaina	Prajapati	
Persien		Zarathustra	Mithras	
Lyder				Kybele/Attis
Thrakien		Zalmoxis		Samothrake
				Dionysos
			Orpheus	Orpheus
Griechenland	Sokrates	Pythagoras	Eleusis	
Römer			Sol Invictus	Liber Pater
Kelten			Druideneinweihung	
Germanen			Einweihung	

V 2.   Die einzelnen Völker

V 2. a)   Mithras

Mithras opfert einen Stier

In den Mithras-Mysterien stieg der Einzuweihende in einen Schacht hinab, über den ein Gitter gelegt wurde, auf dem man dann einen Stier opferte, der mit dem Einzuweihenden identifiziert wurde. Am Ende des Rituals stieg der nun Eingeweihte mithilfe einer siebensprossigen Leiter wieder aus dem Schacht herauf. Mithras selber wurde als Sonnengott aufgefaßt.

Auf dem Relief kann man gut die wesentlichen Motive erkennen, die mit dem Stieropfer zusammenhingen: Am Hals des Stieres befindet sich die Schlange, die den Weg in die Unterwelt symbolisiert; daneben steht der Hund, der den Jenseitsreisenden auf seinem Weg führt; und auf dem Schwanz des Stieres sitzt der Seelenvogel. Hinzu kommt noch links oben der Sonnengott, mit dem der Jenseitsreisende und vor allem der König bei der Krönung oft identifiziert wurde, sowie an einem der Hinterbeine des Stieres der Skorpion, der den Tod darstellt.

V 2. b)   Prajapati

Der Name des indischen Gottes Prajapati bedeutet „Allvater" und bezeichnete die höchste Gottheit, d.h. Brahma oder Indra. „Allvater" wird ursprünglich ein Beiname des Sonnengott-Göttervaters Dhyaus gewesen sein. Er wurde auch als der Herr der Tiere und als der Gott der Zeugungskraft angesehen.

Für das Ritual wurde zunächst ein Jahr lang ein Altar errichtet, der zumindest symbolisch von allen Dingen auf der Erde ein Teil enthielt: von jeder Pflanze, jedem Tier, jedem Gestein ein Stück. Im Inneren des Altars befand sich eine goldene Statue des Prajapati – Gold war das Metall der Sonne und somit auch des Dhyaus und des Prajapati. Dieser Altar ist das älteste bekannte Mandala. Die goldene Statue stellte sowohl den Gott Prajapati als auch die Seele des Einzuweihenden dar. Durch das Ritual wurde die Seele des Einzuweihenden eins mit Prajapati.

Das Ritual begann damit, daß rings um den Altar mehrere große Feuer entzündet wurden. Dann verschenkte der Einzuweihende all seinen Besitz und trennte sich von allen seinen Verwandten einschließlich seiner Frau. Nach diesem symbolischen Tod reiste er ins Jenseits und kehrte dann schließlich wiedergeboren zurück. Am Ende des Rituals wurde gemeinsam der Somatrank getrunken.

Nun erhielt er von allen Teilnehmern an dem Ritual Geschenke und begann als „Zweimal-Geborener" ein neues Leben.

V 2. c) Kybele und Attis

Die Mysterien der der Kybele und des Attis/Adonis lassen sich nicht nicht mehr genau rekonstruieren. Die Mysterien enthielten aber u.a. ein Stieropfer, das Fällen einer Pinie, die sowohl den Weltenbaum als auch den Attis selber darstellte, sowie einen „Abstieg ins Brautgemach", der sich wohl auf den Weg in die Unterwelt („Abstieg") zu der Göttin Kybele bezieht, mit der sich Attis bzw. der Jenseitsreisende selber wiederzeugte („Brautgemach"), um daraufhin von Kybele wiedergeboren zu werden. Der Stil der Mysterien war sehr ekstatisch und es wird auch über das Spielen von Instrumenten berichtet. Eine zentrale Rolle spielte auch das Essen „aus dem Tympanum (Handtrommel)" und das Trinken „aus der Zimbel".

V 2. d) Samothrake

Die Mysterien von Samothrake bestanden aus einem Reinigungsbad, nach dem alle weiße Gewänder anzogen. In der Nacht wurde dann von jedem ein Trankopfer in einen Schacht gegossen, um sich mit den Unterweltgottheiten zu verbinden. Es ist anzunehmen, daß dieser Schacht zu Axiersa, der Göttin der Unterwelt, führte, die die Toten wiedergebar. Danach wurde zu Musik ekstatisch getanzt, um die Götter in den eigenen Körper einzuladen.

V 2. e) Dionysos

In der vermutlich ältesten Dionysos-Mythe sind die Eltern des Gottes Dionysos Zeus und Demeter oder Zeus und Persephone. Um sich mit Persephone zu vereinen, nahm Zeus die Gestalt einer Schlange an und kroch in die Unterwelt hinab – so wie sich auch Odin auf seinem Weg zu Gunnlöd in eine Schlange verwandelte.

In dieser Mythe sandte Hera die Titanen, die Dionysos nach seiner Geburt in sieben Stücke zerrissen, in einem Kessel kochten, über einem Feuer brieten und schließlich verschlangen. Demeter bzw. Persephone rettete jedoch das Herz des Dionysos, das Zeus der Semele zu essen gab, wodurch diese schwanger wurde und schließlich den Dionysos gebar.

Die neuere Variante beginnt damit, daß sich Zeus mit der sterblichen Frau Semele vereinte, woraufhin sie mit Dionysos schwanger wurde. Hera drängte Semele, sich von Zeus beweisen zu lassen, daß er wirklich der Göttervater war. Als sich dieser auf Semeles Drängen hin in seiner wahren Gestalt zeigte, starb sie, da kein Sterblicher den unverhüllten Anblick eines Gottes ertragen kann. Zeus rettete jedoch den Embryo des Dionysos und nähte ihn sich in den Schenkel ein.

Als es Zeit für die Geburt war, löste Zeus ihn auf dem Berg Pramnos auf der Insel Ikaria aus seinem Schenkel. Dort hüteten Nymphen das Kind in einer Höhle und geben ihm Honig zu essen. Dionysos wurde wegen dieser Entstehungsgeschichte auch „der Zweimalgeborene" genannt: Er war ein sterbenden und wiedergeborener Gott.

Als Dionysos herangewachsen war, erfand er den Wein und auch das Theater (dessen historischer Ursprung in den Mysterienspielen liegt).

Es gibt eine ganze Reihe von Geschichten, in denen Dionysos seine Gegner in Wahnsinn versetzte oder ihr Land mit einer Dürre verfluchte. Dionysos hat hier große Ähnlichkeit mit den Druiden und den Brahmanen, von denen ganz ähnliche Wundertaten berichtet werden.

Dionysos reiste mehrfach in den Hades hinab. Seine erste Reise unternahm er von einem bodenlosen See aus, um seine Mutter zu holen und sie unter die Sterne zu setzen.

Von dem Zentaur Chiron lernte er Gesänge und Tänze und die Bacchus-Rituale sowie die Bacchus-Einweihungen.

Die Rituale des Dionysos wurden von den Mänaden ausgeübt. Sie trugen wie Dionysos ein Pantherfell, hielten lebende Schlangen in ihren Händen, die sich um ihre Arme ringelten, versetzten sich durch Musik, Wein und Tanz in Ekstase, tranken Wein, praktizierten die freie Liebe und zerrissen in ihrer Ekstase oft wilde Tiere oder Rinder. Manchmal trugen sie statt dem Pantherfell auch Hirsch- Reh- oder Fuchsfelle und in manchen Darstellungen halten sie eine brennende Fackel in ihrer Hand.

Das Ziel des Dionysoskultes war es, die Menschen durch Tanz, Musik und Ekstase von den Sorgen und dem Leid des Alltags zu befreien. Dionysos war ein Gott, der die Seelen befreite und der die Verbindung zwischen den Lebenden und den Toten (wieder-)herstellte. Daher wurde er auch Eleutherios, der „Befreier" genannt.

Dionysos erschien ursprünglich als Stier oder auch als Zicklein (in das er einmal von Zeus verwandelt wurde) und wurde meistens mit Hörnern auf seinem Kopf dargestellt. Diese beiden Gestalten des Dionysos gehen auf die Identifizierung des Toten bei der Wiederzeugung mit einem Stier oder einem Ziegenbock zurück.

Dionysos wurde oft von Faunen (Männer mit Ziegenunterleib und Ziegenhörnern) und Silenen (Männer mit den Ohren, Hufen und Schweifen von Pferden) begleitet, die wie er selber die Toten im Jenseits darstellten (Stiermann, Ziegenmann, Pferdemann).

Ein wichtiges Symbol des Dionysos war der Tyrsos-Stab, der aus einem Stengel des Riesenfenchels bestand, an dessen oberem Ende ein Kiefernzapfen befestigt und mit Bändern u.ä. geschmückt wurde. Der Kiefernzapfen war eines der Symbole der Göttin Cybele. Vermutlich war dieser Stab ein Penis-Symbol (Wiederzeugung).

Die Verbindung des Dionysos mit der Unterwelt war so ausgeprägt, daß die Griechen ihn sowohl dem Hades als auch dem ägyptischen Toten- und Korngott Osiris gleichsetzten. Sie sahen ihn auch als identisch mit dem kleinasiatischen Attis, dem persischen Mithras, dem thrakischen Sabazios (Pater Zeus), dem römischen Bacchus und dem römischen Liber Pater an. Durch diese Entsprechungen wird deutlich, daß Dionysos vor allem als ein Gott des (bewußten) Weges in das Jenseits aufgefaßt wurde – was letztlich das Thema aller Mysterien ist.

V 2. f) Orpheus

Orpheus lebte um ca. 600 v.Chr. und begründete durch die Weiterentwicklung des Dionysos-Kultes, der bis dahin in erster Linie noch ein Fruchtbarkeitskult gewesen war, die Orpheus-Mysterien.

Sein Name stammt von dem indogermanischen Verb „orbh" ab, das „trennen" bedeutet. Aus dieser Bedeutung leiteten sich mehrere andere Wortbedeutungen ab wie u.a. die griechischen Worte „orphe" („Dunkelheit") und „orphanos" („vaterlos"; englisch: „orphan"). Vermutlich ist dieser Name eine Anspielung auf die Trennung des Orpheus von seiner Geliebten sowie seine Unterweltsreise.

In manchen Erzählungen ist der Gott Apollon der Vater des Orpheus. Seine Mutter war Kalliope („die Schönstimmige"), die Muse der Dichtkunst und der Wissenschaft.

Orpheus blieb auch in seinem Leben eng mit dem Gott Apollo verbunden. So wird berichtet, daß Orpheus in dem Rhodopengebirge in Nordgriechenland auf dem Berg Pangaion oft den Apollon verehrte.

Wenn Orpheus auf der Lyra spielte, die er von Apollon geschenkt erhalten hatte, und dazu sang, scharten sich die wilden Tiere um ihn, neigten sich ihm die Bäume zu und begannen die Felsen zu weinen. Sein Gesang übertönte sogar den gefürchteten Gesang der Sirenen und er beruhigte das tosende Meer.

Diese Schilderung erinnert sehr an die Fähigkeiten der Druiden/Barden, die auch für ihre Beherrschung von Wind und Meer bekannt waren. Auch die Verwandlung der

Druiden sowie der Yogis und Brahmanen in die verschiedensten Tier, Pflanzen und Dinge während ihrer Meditation hat große Ähnlichkeit mit der Wirkung des Gesanges des Orpheus. Man kann daher wohl von einer gemeinsamen Wurzel der Fähigkeiten und Erlebnisse der Druiden, Yogis, Brahmanen und des Orpheus in der Tradition der indogermanischen Schamanen ausgehen. Dies ist auch schon deshalb wahrscheinlich, weil die Mysterien eine Weiterentwicklung der schamanischen Tradition waren.

Selbst nach seinem Tod war Orpheus noch eng mit Apollon verbunden: Der Kopf des Orpheus wurde mitsamt seiner Lyra in den Fluss Hebros geworfen, der ihn hinab in das Ägäische Meer spülte und schließlich an der Küste der Insel Lesbos an Land getrieben wurde. Der Kopf des Orpheus sang jedoch immer weiter, bis Apollon ihm zu schweigen gebot.

Das Motiv des sprechenden Kopfes eines Toten ist auch von den Kelten (Bran) und den Germanen (Mimir) gut bekannt und geht letztlich auf den noch aus der Altsteinzeit stammenden Schädelkult zurück, mit dessen Hilfe man den Kontakt zu den Ahnen aufrechterhielt.

Die wichtigste Erzählung über das Leben des Orpheus ist seine Reise in den Hades hinab. Die Dryade (Eichenbaumnymphe) Euridike („die weithin Richtende") war die Braut des Orpheus. Als Aristaios, der Sohn des Apollon, der den Menschen die Kenntnis über die Ölbäume, die Imkerei, die Käseherstellung und ähnliches gebracht hatte, Eurydike zu vergewaltigen versuchte, floh diese und starb dabei an einem Schlangenbiß.

Orpheus stieg daraufhin hinab in die Unterwelt, um den Gott Hades durch sein Spiel auf der Lyra und durch seinen Gesang dazu zu bewegen, Eurydike wieder ins Diesseits zurückkehren zu lassen. Hades und Persephone gewährten ihm seine Bitte, aber da er sich bei seiner Rückkehr ins Diesseits einmal entgegen der von den beiden Gottheiten gestellten Auflage nach Eurydike umblickte, mußte sie doch in der Unterwelt bleiben.

Die Verbindung des Orpheus mit der Unterwelt ist sehr ausgeprägt: Seine Mutter und seine Geliebte waren Nymphen, die vervielfältigte Gestalten der Muttergöttin sind (Wiedergeburt); sein Vater war ein Flußgott (Jenseitsgrenze); er meditierte auf dem Berg der Göttin Pangaion; sein Großvater war ein Nachkomme des Atlas (Verbindung zum Himmel); er ist eng mit dem Sonnengott Apollon verbunden; er reiste selber in die Unterwelt; und sein Kopf sang im Diesseits noch weiter, als er bereits tot in der Unterwelt war.

Sein Abstieg in den Hades ist auch eng mit dem Abstieg des thrakisch-dakischen Religionsgründers Zalmoxis verwandt, der in etwa zur selben Zeit wie Orpheus lebte.

Orpheus zufolge enthielt die menschliche Seele durch Dionysos Gutes und durch die Titanen (die das Kind Dionysos gefressen hatten) Böses, sodaß der Mensch gezwungen war, zwischen beidem zu wählen – was zur selben Zeit in Persien auch Zarathustra eindrücklich predigte. Durch die Befolgung des orphischen Lebenswandels, durch Askese und die Teilnahme an den geheimen Riten der Orpheus-Mysterien konnten die Menschen nach ca. einem Dutzend Inkarnationen dann den Kontakt zu den Göttern erlangen und schließlich ihren Leib endgültig verlassen und im Jenseits ein glückseliges Leben führen.

Wie in der indischen Reinkarnationslehre hatten auch die Orphiker die Vorstellung, daß die Taten im Diesseits eine Auswirkung auf den Zustand des Menschen im Jenseits hatten und die schlechten Taten Strafen nach sich zogen. Dies entspricht den indischen Karma-Vorstellungen. Diese Weltanschauung stimmt auch weitestgehend mit den Ansichten des Pythagoras überein, der ebenfalls ein Zeitgenosse von Orpheus und Zarathustra war.

In mythologischer Hinsicht entstand diese innere Verfassung der Menschen dadurch, daß Dionysos, der Sohn des Zeus und der Persephone, als Kind von den Titanen zerstückelt und gefressen wurde, die daraufhin von Zeus durch einen Blitz zu Asche vernichtet wurden. Zeus und Athene belebt den Dionysos wieder und erschufen aus der Asche, die Teile der Titanen und des Dionysos enthielt, die Menschen.

In den Gräbern von Orphikern fanden sich Goldblättchen mit aufschlußreichen Inschriften: *„Ich bin der Sohn der Erde und des sternbesäten Himmels. Ich bin durstig, gebt mir bitte etwas von der Quelle der Erinnerungen (Mnemosyne) zu trinken."* – *„Nun bist Du tot, und nun wirst Du, der Du dreifach gesegnet worden bist, an diesem Tag geboren. Sag Persephone, daß Bacchus selber Dich befreit hat."*

Das Trinken aus dem Quell der Erinnerungen ist auch von Odin bekannt, der aus der Quelle des Riesen Mimir zwischen den Wurzeln des Weltenbaumes getrunken hat und dadurch seine Kenntnisse über das Jenseits erlangte. Sowohl Mimir als auch Mnemosyne bedeuten „Erinnerung".

V 2. g)   Sol Invictus und Liber Pater

Die Mysterien des Sol Invictus waren die römische Entsprechung zu dem Mithras-Kult, während die Rituale des Liber Pater die römische Entsprechung zu den Mysterien des Dionysos waren.

V 2. h)   Die Mysterien von Eleusis

Die Mysterien der Demeter in Eleusis waren die bekanntesten Mysterien. Sie werden im folgenden ausführlicher beschrieben.

Eine der Voraussetzungen für die Teilnahme an den Großen Mysterien von Eleusis, die alle fünf Jahre stattfanden, war die Teilnahme an den jährliche zelebrierten Kleinen Mysterien von Eleusis, die aus einer Reinigung der Teilnehmer und dem Opfern eines Schweines bestand.

Die kleineren Mysterien von Eleusis

Die Bedeutung der kleineren Mysterien finden sich auf einem dreiteiligen Bild dargestellt, das die Einweihung des Herakles zeigt.

1. Auf dem ersten Bild führt Herakles das gut bekannte Schweineopfer durch.

2. Das zweite Bild zeigt Herakles mit verhülltem Haupt auf einem mit einem Widderfell bedeckten Schemel sitzend, während eine Priesterin von hinten her eine Handvoll Getreidehalme über ihn hält. Diese Szene wurde von den Griechen auch im Zusammenhang mit Demeter dargestellt: Sie saß während ihrer Suche nach ihrer Tochter Persephone mit verhülltem Haupt im Palast des Königs Keleos auf einem mit einem Widderfell bedeckten Schemel.
Die Symbolik dieser Szene ist von den Indogermanen gut bekannt: Es ist die Reise des Schamanen in das Jenseits, der sich dabei mit dem Stier, Pferd oder Ziegenbock identifiziert hat. Das Sitzen auf dem Fell ist eine Variante der Identifikation mit dem männlichen Herdentier, die auch von den den Druiden bekannt ist, die bei ihrer Jenseitsreise auf einem Stierfell sitzen. Das Verhüllen des Hauptes ist sozusagen die „light-Variante" des Abstiegs in den Einweihungsschacht.
Diese Szenerie findet sich nicht nur bei Herakles und bei den Druiden, sondern auch beim Utiseta der Germanen, die sich auf ein Rinderfell setzten, wenn sie mit den Toten reden wollten, und bei dem ägyptischen Sem-Priester, der sich in ein Rinderfell hüllte, wenn er bei der Bestattung ins Jenseits reiste. Man kann wohl davon ausgehen, daß auch das Goldene Vlies der griechischen Sage sowie das Lammfell, auf das die Hethiter die Orakel und Wünsche für das kommende Jahr schrieben und das sie dann an eine junge Eiche hefteten, zu dieser Symbolik gehört.
In der auf dem zweiten Bild dargestellten Szene reist Herakles dieser Symbolik zufolge in die Unterwelt. Das mythologische Vorbild dazu ist Demeters Suche nach Persephone.

3. Auf dem letzten der drei Bilder erscheint Herakles in reichen Gewändern und mit dem Bacchos-Stab in der Hand als Eingeweihter, der vor Demeter steht, die auf einem Weidenkorb sitzt, um den sich eine Schlange ringelt. Dabei schaut Herakles auf die sich nähernde Persephone, die ein Fackel in ihrer Hand hält. Sowohl die Schlange als auch die Fackel sind Symbole des Weges in die Unterwelt. Herakles ist also wie

Persephone aus der Unterwelt zurückgekehrt.

Die kleineren Mysterien enthalten sozusagen in Kurzform die größeren Mysterien. Man kann wohl davon ausgehen, daß es ursprünglich nur einen Mysterienkult gegeben hat und die größeren Mysterien einfach eine weiterentwickeltere, differenziertere und komplexere Version der alten Mysterien sind.

die größeren Mysterien von Eleusis

Unter der Leitung des Archon Basileus („Hochkönig" = Oberpriester) von Athen wurde zunächst der Demeter oder Persephone ein Schwein geopfert. Manchmal haben die Teilnehmer auch selber einer der beiden Göttinnen ein Ferkel geopfert. Danach reinigten sich die Priester durch ein Bad im Fluß Ilissos, um dann anschließend alle an den Mysterien teilnehmenden Personen zu reinigen.

Die großen Mysterien dauerten 10 Tage. An ihnen nahmen vier Gruppen von Personen teil, wobei Männer, Frauen und auch Sklaven zugelassen waren:

> 1. die Priester, Priesterinnen und Hierophanten (Hohepriester);
> 2. die Männer und Frauen, die zum ersten Mal an der Zeremonie teilnahmen – Voraussetzung war für die Teilnahme war:
> > a) keinen Mord begangen zu haben,
> > b) fließend Griechisch sprechen zu können,
> > c) der Geheimhaltungsschwur.
> 3. Personen, die schon einmal an der Zeremonie teilgenommen hatten,
> 4. Personen, die in die Geheimnisse der Demeter eingeweiht worden waren und die Epopteia („Betrachtung") erlernt hatten.

Die Besucher, die die Feiern und insbesondere den Zug entlang der heiligen Straße begleiteten, nahmen nicht direkt an den Mysterien teil.
Die Mysterien wurden von dem Hierophanten („Enthüller der heiligen Geheimnisse") geleitet, der der oberste Priester im Tempel der Demeter in Eleusis war. Er wurde als Nachfolger des mythischen Begründers der Mysterien (Eumolpos oder Triptolemos) angesehen.

Die Handlungen bei den Mysterien liefen wie folgt ab:

Vortag: Die heilige Gegenstände der Demeter wurden zum Eleusinion-Tempel am Fuße der Akropolis gebracht.

1. Tag: Der offizielle Beginn wurde „Agyrmos" (Versammlung) genannt. Der Hierophant führte eine Opferung aus, die „Hiereia Deuro" („Bringt die Opfer herbei") genannt wurde, womit symbolisch auch die Einzuweihenden gemeint gewesen sein könnten, da diese symbolisch ins Jenseits reisten.

2. Tag: Die Priester reinigten sich im Meer in Athen.

3. Tag: Der Demeter oder Persephone wurde ein Schwein geopfert. Danach nahm man an dem Fest des Heilers Asklepios in Epidauros teil.

4. Tag: An diesem Tag mußten die Teilnehmer der Mysterien zuhause bleiben und durften das Haus nicht verlassen. Sie stellten an diesem Tag wahrscheinlich den später benutzten rituellen Trank (Kyknos) her.

5. Tag: Vom Athener Friedhof Kerameikos außerhalb der Stadtmauern ausgehend zogen alle in einer Prozession den 21km langen „Heiligen Weg" nach Eleusis: vorne die Priester, die die Tafeln des Dionysos hochhielten, und dahinter die mit Myrthen-zweigen bekränzten Teilnehmer der Mysterien. An bestimmten Abschnitten der Stra-ße, die Bacchoi genannt wurden, schwangen die Teilnehmer ihre Bacchoi-Stäbe.

An einer festgelegten Stelle riefen die Teilnehmer obszöne Witze, weil die Magd Jambe die Göttin Demeter auf ihrer Suche nach Persephone mit einem solchen derben Scherz zum Lächeln gebracht hatte – vermutlich eine Anspielung auf die Wieder-zeugung.

Während der Prozession riefen die Teilnehmer immer wieder mit „Iakche, o Iak-che!" den Gott Dionysos an. Da Dionysos der Gott ist, der den Weg in die Unterwelt geht, war er das Vorbild für die Einzuweihenden.

Wenn die Prozession am Iakchos(Dionysos)-Tempel ankam, wurde aus ihm die Statue des Gottes geholt und dann in der Prozession mit nach Eleusis getragen.

Wenn die Teilnehmer die letzte Brücke auf ihrem Weg passierten, erhielten sie von einem Priester an ihre rechte Hand und ihren linken Fuß einen Faden gebunden. Diese Brücke symbolisierte vermutlich den Übergang über den Jenseitsfluß Styx. Der Faden könnte dann eine Entsprechung zu dem Faden sein, mit dessen Hilfe Perseus aus dem die Unterwelt symbolisierenden Labyrinth des Minotaurus auf Knossos wieder her-ausfand.

Bei der Ankunft im Tempel wurde die Suche der Demeter nach Persephone dadurch dargestellt, daß die Teilnehmer auf Irrwegen durch die Halle geleitet wurden und schließlich zu dem Brunnen (Tor zu der Unterwelt) kamen und dort die Höhle des Ploutons auf dem Tempelgelände (Unterweltstor) besuchten.

6. Tag: An diesem Tag fasteten die Teilnehmer in Eleusis so wie Demeter während

ihrer Suche nach Persephone gefastet hatte. Abends am Ende des Fastens tranken alle das Kykeon, ein Getränk aus Gerste und Frauenminze, das möglicherweise auch Extrakte aus dem Mutterkorn (LSD-Ausgangssubstanz) enthielt.

7. Tag: Am Morgen betraten alle die Tempelhalle Telesterion, die 52m x 52m groß war und deren Dach von 6 Reihen zu je 7 ionischen Säulen getragen wurde. Es hatte ein pyramidenförmiges Dach, das oben in der Mitte als Rauchabzug geöffnet werden konnte. In dieser Halle war ausreichend Platz für 7.000 Personen. Außen am Rand standen Bänke für die, die nur passiv teilnahmen. In der Mitte stand das dachlose Anaktoron („Palast") mit den heiligen Gegenständen. In diesem Allerheiligsten wurden während der Mysterien an diesem Tag den Einzuweihenden die heiligen Reliquien der Demeter gezeigt.

Die Vorgänge im Anaktoron begannen damit, daß der Hierophant einen Gong schlug, der einen Donner symbolisierte und die Göttin Persephone aus der Unterwelt zurückrufen sollte. Dies entspricht der indogermanischen Mythologie des Donnergottes, der ursprünglich der im Herbst aus der Unterwelt zurückkehrende Wettergott war. Da diese Symbolik letztlich auf die Unterweltsreise des Vegetations- und Sonnengottes zurückgeht, entspricht der Donner hier der zurückkehrenden Persephone. An dieser Stelle wurde auch laut gerufen – vermutlich nach Persephone.

Im Anaktoron wurde nun ein so großes Feuer entfacht, das es durch den Abzug des Tempels hinaufleuchtete, sodaß man es sogar von außerhalb des Tempels sehen konnte. Dies entspricht dem Feuer, in dem Demeter dem Triptolemos seine Unsterblichkeit gegeben hätte, wenn sie nicht von dessen Eltern dabei gestört worden wäre. Das Feuer ist wie die Fackeln der Persephone das Tor zur Unterwelt (die spätere Hölle wurde mit diesem Feuer identifiziert). Dieses Feuer findet sich bei den Druiden und auch im späteren christlichen Griechenland als Feuerlauf.

Die Spannung wird zu diesem Zeitpunkt am größten gewesen sein. Aelius Aristides sagt dazu: *„Eleusis ist zugleich das Schauerlichste und das Lichteste von allem, was den Menschen göttlich ist."*

Plutarch beschreibt die Mysterien ganz ähnlich: *„Umherirren zuerst, ermüdende Umläufe, ängstliches Geschehen im Dunklen, das kein Ziel findet; dann unmittelbar vor dem Ende all das Furchtbare, Schaudern, Zittern, Schweiß und Staunen."*

Plutarchs Beschreibung beschreibt in bildhafter Weise auch sehr treffend die Vorgänge bei der Heilung eines Traumas – auch die Mysterien waren eine Methode der grundlegenden Heilung des Menschen …

Wenn der Hierophant schließlich das Tor des Anaktoron öffnete, rief er: *„Die Herrin* (Demeter) *hat ein heiliges Kind geboren, Brimo* („die Starke") *hat den Brimos* („den Starken") *geboren!"* Dabei zeigte der Hierophant eine Getreidegarbe.

Zu dieser Stelle gibt es ein Fragment aus einer Erzählung über Herakles, in der er, nachdem er nicht zu den Mysterien von Eleusis zugelassen wurde, zu dem Hierophanten sagt: *„Ich bin schon anderswo eingeweiht worden. Hierophant, schließe Eleusis zu – und Daduchos, lösche das Feuer aus! Ich bin schon in echtere Mysterien eingeweiht worden! Ich habe in das Feuer geschaut und ich habe Kore gesehen!"* Dies bezieht sich darauf, das Herakles bereits in der Unterwelt gewesen ist, als er den Höllenhund Cerberus geholt hat.

Daraus ergibt sich nebenher, daß Dionysos und Herakles beides Götter bzw. Halbgötter waren, die die erfolgreiche Reise ins Jenseits und zurück darstellten – Dionysos veranschaulicht vor allem die Ekstase und Herakles durch seine 12 Arbeiten vor allem die Schwierigkeiten auf dem Weg (der Sonne) durch die Unterwelt. Die zwölf Arbeiten entsprechen den zwölf Tierkreiszeichen, durch die die Sonne jedes Jahr läuft.

Das Kind (Brimos), das geboren wurde, war Persephone, die die wiedergeborene Demeter ist (Brimo) – in dieser Mythe wurde die Symbolik des Vegetationsgottes und des Wettergottes auf die Göttin selber übertragen. Die Unterweltsreise einer Göttin gibt es bei den nostratischen Völkern sonst nur noch bei Inanna. Demeter und Persephone wurden auch von den Griechen als dieselbe Göttin, einmal als Mädchen und einmal als Frau, angesehen.

Die Symbolik der Unterweltsreise zeigt sich auch in dem Kommentar von Pindar um 450 v.Chr.: *„Wohl ist der versehen, der unter Wissen Eleusinischer Weisheit in die Gruft steigt. Er kennt den Ausgang irischen Lebens und dessen gottverliehenen Wiederbeginn."* Diese Stelle könnt ein Hinweis darauf sein, daß in den Eleusinischen Mysterien wie von Pythagoras und Orpheus die Reinkarnation gelehrt wurde – das Ziel der Mysterien ist die Selbsterkenntnis, d.h. die Begegnung mit der eigenen Seele gewesen.

In dem Anaktoron stand ein „Kalathos" (offener Korb), in dem eine „Kiste" (Kiste) lag, in der sich wiederum das Allerheiligste befand. Es gibt die Vermutung, daß es Ähren waren oder eine goldene Schlange, ein Ei oder ein Phallus – aber man weiß es nicht sicher, weil der oder die Gegenstände eben geheim blieben. Die Ähren sind jedoch unwahrscheinlich, da der Hierophant bereits vorher in dem Ritual den Anwesenden eine handvoll Ähren gezeigt hatte.

Bei der Rückkehr aus dem Anaktoron (Allerheiligstes) in den Telesterion (große Halle) sprachen die Einzuweihenden: *„Ich habe gefastet, ich habe den Kykeon getrunken, ich habe es aus der Kiste genommen und nachdem ich es hatte, habe ich es wieder in den Kalathos zurückgelegt."*

Die Ereignisse und Handlungen im Anaktoron waren das größte Geheimnis der Mysterien. Auf ihrem Verrat stand die Todesstrafe. Diese geheimen Dinge wurden Apporheta („Unwiederholbares") genannt. Sie bestanden aus drei Dingen:

    1. Dromena („Dinge, die getan werden") – vermutlich eine rituelle Darstellung der Jenseitsreise der Demeter, durch die auch der

Einzuweihende ins Jenseits reiste;

2. Deiknumena („Dinge, die gezeigt werden") – Heilige Dinge, die von dem Hierophanten gezeigt wurden;

3. Legomena („Dinge, die gesagt werden") – Kommentare, die zu den Dingen, die gezeigt werden, von dem Hierophanten gesagt wurden.

8. Tag: Die Priesterinnen verkünden morgens im Telesterion ihre Visionen aus der letzten Nacht, die die „Heilige Nacht" genannt wurde.

Der Hierophant sang an diesem Tag zusammen mit dem Daduchos, dem zweithöchsten Priester von Eleusis, das Loblied der Demeter und ihrer Tochter Persephone. „Daduchos" („Fackelhalter") war auch der Beiname der Artemis und der Demeter, als diese in der Dunkelheit (Unterwelt) mit Fackeln nach ihrer Tochter Persephone suchte.

Am Abend und die ganze Nacht über wurde das Fest Pannychis mit Tanz und Fröhlichkeit gefeiert. Bei dem Tanz trugen die neu geweihten Männer wie Dionysos Mädchenkleider, die wohl ihre Identität mit Persephone, d.h. ihre Rückkehr aus der Unterwelt veranschaulichten. Der Tanzplatz waren die Rharischen Felder, die der erste Ort gewesen sein sollen, an dem Getreide angebaut wurde, nachdem Demeter dem Triptolemos den Ackerbau gezeigt hatte.

Gegen Morgen wurde ein Stier geopfert.

9. Tag: Die nun Eingeweihten spendeten den Toten ein Trankopfer aus besonderen Behältnissen.

10. Tag: Ende, Heimkehr.

Die Grundlage für diese Mysterien, die von von 600 v.Chr. bis 500 n.Chr. gehalten wurden, war die Unterweltsreise der Demeter, die sie unternahm, um ihre Tochter Persephone/Kore zurückzuholen. Demeters Bruder Hades hatte sie im Einvernehmen mit Zeus entführt, weil er sie zur Frau haben wollte.

Auf der Suche nach ihr weihte Demeter den Knaben Triptolemos mit Feuer, d.h. sie hielt ihn in das Herdfeuer (Jenseitstor) des Palastes seiner Eltern und hätte ihm dadurch, wenn sie nicht durch Triptolemos' Eltern unterbrochen worden wäre, die Unsterblichkeit verliehen. Sie lehrte den Triptolemos auch den Ackerbau.

Um Zeus dazu zu zwingen, ihr zu helfen, ihre Tochter Persephone zurückzuerhalten, verursachte Demeter eine große Trockenheit, durch die die Menschen verhungerten. Da nun auch die Götter keine Opfer mehr erhielten und ihr Kult nicht mehr durchgeführt wurde, gab Zeus schließlich nach, sodaß Persephone zurückkehren konnte.

Da Persephone jedoch durch eine List des Hades einige Granatapfelkerne gegessen hatte, mußte sie ein Drittel des Jahres in der Unterwelt verbringen – so entstanden die Jahreszeiten. Persephone kehrte im Herbst zu dem Zeitpunkt in die Unterwelt zurück, an dem auch die Mysterien von Eleusis stattfanden. Dieser Zeitpunkt paßt zu der alten Vorstellung, daß der Wettergott nach dem trockenen Sommer zu diesem Zeitpunkt das Wasser, d.h. den Regen wieder von der Regenräuberschlange zurückgeholt hat. Nach den ersten Regenfällen wurde dann ausgesät.

Die Rückkehr der Demeter und der Persephone fand vermutlich (mythologisch gesehen) in der Nacht zum 8. Tag der Mysterien statt, an dessen Morgen die Priesterinnen ihre Visionen berichteten und anschließen der Hierophant und der Daduchos die Loblieder für Demeter und Persephone sangen. Das anschließende Fest war auch ein Freudenfest über die Rückkehr der Demeter und der Persephone aus der Unterwelt.

Die Vorstellung, daß die Götter von den Opfergaben der Menschen abhingen, findet sich u.a. auch bei den Sumeren und den Kelten.

Die Vorgänge bei den Mysterien müssen sehr effektiv gewesen sein, da diese Mysterien ca. 1.100 Jahre lang gefeiert wurden. Sie standen in hohem Ansehen. So sagt z.B. Plato über sie: *„Der letztliche Zweck der Mysterien ... war es, uns zu den Prinzipien zurückzuführen, aus denen heraus wir entstanden sind ... eine vollkommene Freude über das spirituelle Gute in uns. "*

Auch der römische Redner Cicero lobte die Mysterien von Eleusis: *„Denn unter den vielen vorzüglichen, ja göttlichen Einrichtungen, die euer Athen hervorgebracht und mit denen ihr das menschliche Leben bereichert habt, ist meiner Meinung nach nichts besser als diese Mysterien. Denn mit ihrer Hilfe sind wir aus der Barbarei und dem rohen Lebensstil heraus und hin zu einer gebildeten und verfeinerten Kultur gebracht worden; und die Riten werden zu Recht 'Einweihungen' genannt, denn wahrhaftig: durch sie haben wir den Beginn des Lebens erfahren, und durch sie haben wir nicht nur die Kraft erlangt, glücklicher zu leben, sondern auch mit mehr Hoffnung zu sterben. "*

Dieser Kommentar zeigt deutlich, daß es in den Mysterien zu einem großen Teil um die Erkenntnis der eigenen Seele und um ihr Schicksal nach dem Tod ging – und daß dieses in den Mysterien erkannte Schicksal der Seele den Eingeweihten neue Hoffnung gab.

V 2. i) Sokrates

Sokrates (469-399 v.Chr.) hat keine Mysterien begründet, aber er hat eine Methode entwickelt, die von ihrer Wirkung her den Mysterien sehr nahe kommt. Er stellte den Menschen immer wieder Fragen von der Art „Ist das wirklich so?" oder „Wieso glaubst Du das?" bis die Ansichten der Menschen schließlich meistens haltlos im

Raum standen und ihnen als als persönliche Vorliebe, Vermutung oder Furcht deutlich wurden und sie erkannten, daß es sich bei ihren Ansichten nicht, wie sie vorher angenommen hatten, um gesicherte Erkenntnissehandelte – wodurch sie auf einmal auf sich selber reduziert wurden, was meist nicht ganz ohne heftigere Gefühle vor sich ging.

Durch die Fragen des Sokrates wurden die Menschen wie durch die Koan-Fragen im Zen-Buddhismus schließlich auf sich selber zurückgeworfen, auf das, was hinter ihren ganzen Meinungen stand – eben auf die eigene Seele. Diese innere Gewißheit und innere Führung, die Sokrates seinen Daimon nannte und dessen Ratschlägen er sein ganzes Leben über folgte, war das, was Sokrates seinen Mitmenschen zeigen wollte. Deshalb nannte er sich selber auch „Geburtshelfer" – was auch ein passender Name für die Schamanen gewesen wäre, deren Aufgabe darin bestand, den Kontakt mit den Seelen der Toten herzustellen, aber auch, den Lebenden zu helfen, den Kontakt zu ihrer eigenen Seele schon während ihres Lebens zu finden.

Aufgrund dieses Zieles ist auch die Methode des Sokrates eng den Mysterien verwandt, die ebenfalls diese tiefe Selbsterkenntnis anstrebten.

Eine andere Tradition, die ebenfalls den Mysterien entspricht, ist die Visionssuche, die sich bei vielen Naturvölkern findet.

V 2. j) Pythagoras

Es ist unklar, ob man Pythagoras zu den Weisen zählen soll, die Lehren entworfen haben, die die Umsetzung der Erlebnisse in den Mysterien unterstützen sollten oder nicht. Er ging von einer unsterblichen Seele aus, die sich in Tieren und Menschen inkarnieren konnte – weshalb er jegliches Töten von Tieren abgelehnt hat. Er war zudem davon überzeugt, daß das Geschick der Menschen von den Sternen gelenkt wird (Astrologie) und daß die gesamte Welt von einer umfassenden Ordnung geprägt ist.

V 2. k) Zalmoxis

Der Thraker Zalmoxis hat sich 3 Jahre lang in die Einsamkeit zurückgezogen und ist später wie ein Gott verehrt worden – dasselbe ist ja auch Zarathustra, Buddha, Jesus und einigen anderen geschehen …

Auch er lehrte die Unsterblichkeit der Seele.

V 2. l)   Einweihungen bei den Kelten

Bei den Kelten war die Einweihung ein „dreifacher Tod" durch Ertränken, Gefesseltwerden und Hängen an einem Baum: Der Einzuweihende wurde an einen Stamm gefesselt und in einen wasserfüllten Schacht getaucht bis er fast ertrunken war. Dann holte man ihn wieder heraus, um ihn wiederzubeleben. Auf diese Weise erlebte der Einzuweihende einen sehr realen Nähtod – vermutlich mit einer Astralreise, um deren Erleben es hier ja geht.

Die Druiden, also die Eingeweihten, wurden zudem in größeren Gruppen auf den Hügelgräbern der Ahnen ausgebildet.

V 2. m)   Einweihungen bei den Germanen

Die Einweihungen, die in etwa den folgenden Ablauf hatten, werden in dem Kapitel „Einweihung" in Band 50 ausführlicher dargestellt. Der folgende Text ist nur die Zusammenfassung des betreffenden Kapitels.

- Anzahl der Einzuweihenden

Die Einweihung geschah (meistens) in einer Gruppe, bei einer Krönung ist natürlich nur der angehende König in das Jenseits gereist.

1. Der Entschluß

Die Geste „sich an den Fuß fassen" des Jenseitsreisenden ist ein Hinweis auf die lange Wanderung in das Jenseits, die der nächtlichen bzw. winterlichen Reise der Sonne entspricht. Diese Geste stellt den Entschluß des Einzuweihenden dar, ins Jenseits zu dem Göttervater zu reisen – dadurch wird er dem Tyr bzw. später dem Odin geweiht.

2. Der symbolische Tod

Der rituell-symbolische Tod wird durch eine kleine Schwertwunde (Tyr) bzw. Speerwunde (Odin) inszeniert. Die Schwertwunde fügte sich der Einzuweihende

66

selber zu, während ihm die Speerwunde durch den leitenden (Odin-)Priester zugefügt wurde.

Die Verletzung durch den Speer (Odin) fand in einem Kasten, Schacht o.ä. statt, der eine Grabkammer in einem Hügelgrab und somit das Jenseits dargestellt haben wird.

Möglicherweise fand die Verletzung durch das Schwert auf einem Hügelgrab statt.

3. Das Opfer eines männlichen Herdentieres

Für den Jenseitsreisenden wurde ein Stier oder Hengst geopfert, in dessen Fell der Betreffende gehüllt wurde, damit die Zeugungskraft dieses Tieres magisch auf ihn übertragen wird, um auf diese Weise seine Wiederzeugung im Jenseits abzusichern. Durch diese Identifikation wurde der Jenseitsreisende zu einem Tier-Menschen (Zentaur, Gehörnter o.ä.).

Der Stier wurde getötet, indem man ihn an Ohren und Unterkiefern packte und ihm der Hals umdrehte. Dieses Verfahren wird u.a. in der Bosi-Saga und in der Egil-Saga berichtet.

4. Das Hängen am Baum

Bei der Einweihung hängt man „neun Nächte lang" ohne Nahrung und Trank am Baum. Diese Zahl ist jedoch symbolisch zu verstehen, da neun Tage ohne Wasser kaum überlebt werden können.

Dieser Baum ist in symbolischer Hinsicht der Weltenbaum, d.h. die Verbindung zwischen Diesseits und Jenseits. „9" ist die Jenseits-Zahl.

An diesem Baum wurden alle neun Jahre 72 Lebewesen (acht Menschen, acht Pferde, acht Hunde usw.) als Opfer für die Götter erhängt. Dieser Baum war also tatsächlich ein „Todesbaum".

Dieser Baum wurde durch ein „W"-ähnliches Symbol dargestellt, an dessen beiden äußeren Spitzen sich je ein stilisierter Kopf eines Pferdes oder Hundes befand.

Vermutlich hat nicht nur Odin, sondern auch Tyr einst am Einweihungs-Baum, d.h. am Weltenbaum gehangen. Die Männer (und Frauen?) die sich einweihen ließen, folgten also dem Vorbild des Tyr und ab 500 n.Chr. dem Vorbild des Odin.

Vermutlich wurden die Einzuweihenden „erhängt und doch nicht erhängt", indem ihnen eine Schlinge um den Hals gelegt wurde, aber zugleich zwei Männer eine Bohle unter seine Füße hielten. Vielleicht wurden sie jedoch auch mit einem Strick um den Leib aufgehangen.

Für das Hängen am Baum gab es den vermutlich recht alten Spruch:
wenn er hängt zwischen andern Häuten

und schwankte zwischen andern Schwarzen
und wankte zwischen anderen Weisen.

5. Die Reise in das Jenseits

Das Hängen am Baum soll ein Nahtod-Erlebnis (Astralreise) hervorrufen, wodurch man das Wissen des Odin erlangt, daß dieser dem toten Baldur bei dessen Bestattung ins Ohr flüstert.

Zu der Jenseitsreise gehörte auch das Erlebnis des „Inneren Feuers", das durch das Bild der zusammengerollten Kundalini-Schlange ausgedrückt wurde, die mit ihrer Zunge das Wurzelchakra des Jenseitsreisenden berührt. Das Erlebnis der Astralreise und des Inneren Feuers sind eng miteinander verbunden.

Der Jenseitsreisende schwieg „halbtot" am Brunnen der Urd – eine drastische Form der Meditation …

6. Die Wiederzeugung

Im Jenseits vereinte sich der Einzuweihende mit der Jenseitsgöttin. Das Schwert in der Hand des Einzuweihenden zeigt evtl. an, daß er mit Tyr identifiziert wurde.

7. Der Aufenthalt im Jenseits

Im Jenseits begegnete der Einzuweihende dem Göttervater Tyr. Möglicherweise identifizierte er sich dabei mit ihm oder wurde sein „Sohn" o.ä. Dies wurde als Segen des Göttervaters Tyr/Odin dargestellt. Dieser Segen hatte die Gestalt des Herzens des Tyr-Riesen Hrungnir und des Adler-Seelenvogels des Tyr (später des Odin).

Der Jenseitsreisende sprach mit den Männern in Walhalla, d.h. mit den Ahnen im Jenseits.

8. Das Erlangen von Weisheit

Der Kern dieser Weisheit ist das Erleben der eigenen Seele, also der Astralreise. Diese Weisheit wurde innerhalb der Odin-Mythen zu den Runen „akademisiert". Der Einzuweihende erlernte sie von seinem Mutter-Bruder – diese matrilineare Orientierung zeigt das hohe Alter dieser Tradition. Sehr wahrscheinlich wurde das Erlernen der Runen vor oder nach der Einweihung durchgeführt.

Das Runenwissen ist in neun „Fimbul-Lieder" unterteilt. Die Zahl „9" weist auf das Jenseits hin und der Begriff „fimbul" („groß, gewaltig") auf die Mythen des Tyr, in denen es ein wichtige Bezeichnung für die Dinge war, die mit Tyr und dem damaligen Weltbild in Zusammenhang standen.

9. Die Wiedergeburt

Da es eine ausgeprägte Wiederzeugungs-Symbolik gegeben hat, muß es auch eine Wiedergeburts-Symbolik gegeben haben, über die jedoch leider nichts überliefert ist. Vielleicht wurde sie mit der Rückkehr gleichgesetzt.

10. Die Rückkehr

Nach dem Erlernen der Runen, ursprünglich der vollendeten Jenseitsreise, wird der Einzuweihende wieder vom Baum losgebunden.

Danach erhält der Jenseitsreise erhält man einen Trank Met aus einem (Gold-)Horn – der symbolisch-rituelle Wiedergeburts-Trank.

Das Bild des siegreichen, d.h. am Morgen bzw. im Frühjahr wiedergeborenen Tyr mit Sonnen-Schert und Goldhelm auf einem Berg/Hügelgrab könnte auch das Bild für den Jenseitsreisenden nach seiner erfolgreichen Einweihung gewesen sein.

11. Das gemeinsame Mahl

Die bei dieser Einweihung versammelten Menschen und insbesondere der Einzuweihende aßen von dem Fleisch des Opfertieres.

12. Der Eingeweihte

Das „fleur-de-lys"-Symbol der französischen Könige geht auf die stilisierte Darstellung des Jenseitsreisenden zurück. Eine solche Jenseitsreise ist auch das wesentliche Element der frühen Krönungs-Rituale gewesen, da der König für seine Tätigkeit die Verbindung zu dem Göttervater brauchte. Die „fleur-de-lys" („Lilie") der französischen Könige ist somit die Aussage dieser Könige „Ich bin König, weil ich mit Gott verbunden bin!" Diese Verbindung findet sich auch in der germanischen Bezeichnung der Götter als „bönd", d.h. als „Band, Verbindung".

Der Eingeweihte hatte möglicherweise nun das Recht, vom Seher-Hochsitz aus zu den versammelten Menschen zu sprechen.

V 3. Übersicht

Um eine klarere Vorstellung über die verschiedenen Mysterien zu erhalten, kann man eine Übersicht über die aus den Ritualen der Mysterien bekannten Elemente anlegen. Diese Liste ist aufgrund der meist nur bruchstückhaften Überlieferung sicherlich nicht vollständig.

Die einzelnen Elemente sind in der folgenden Liste in etwa in der Reihenfolge angeordnet, wie sie in den Mysterien auftreten.

Ritual	Mysterien										
	Mith-ras	Kybele +Attis	Praja-pati	Samo-thrake	Dio-nysos	Or-pheus	Eleu-sis	Sol In-victus	Liber Pater	Kel-ten	Ger-ma-nen
Baum fällen		x								x	x
Stab					x		x		x		x
Reinigungsbad				x			x				
Stieropfer	x	x					x	x		x	x
Schweineopfer							x				
auf Fell sitzen							x			x	
Quelle						x			?		
Schacht, Höhle	x			x			x	x		x	x
7-sprossige Leiter	x							x			
Schlange					x		x			x	x
Fackel					x		x		x		
Feuer			x				x		?		
Jenseitsreise	x	x	x	?	x	x	x	x	x	x	x
Göttin		x		x	x	x	x	x	x	x	x
Vereinigung		x			x		x		x	x	x
Wiedergeburt			x		x		x		x	x	x
Getreidehalme							x				
Getreidegöttin							x				
gehörnter Gott					x				x	x	x
Trinken		x	x	x	x		x			x	x
Essen		x									

Sonnengott	x		x			x		x		x	x
Musik		x		x		x					
Gesang					x				x		
Sänger						x					
Tanz				x	x				x		
weiße Gewänder				x							

Wenn man diese Übersicht betrachtet, wird deutlich, daß von den 11 Mysterienritualen 10 eine deutliche Jenseitsreise enthalten. Die Mysterien von Samothrake, von denen keine Jenseitsreise überliefert ist, sind nur ungenau bekannt, aber das Trankopfer in den Schacht wird wohl auch als Jenseitsreise zu werten sein. Die Jenseitsreise ist folglich das zentrale Thema der Mysterien.

In 9 der Mysterien spielt die Göttin im Jenseits, zu der die Einzuweihenden reisen, eine wichtige Rolle.

In 8 der Rituale gibt es einen rituellen Trank, dessen Bedeutung dort, wo sie ersichtlich ist, die Verleihung der Unsterblichkeit (im Jenseits) ist.

In 6 der Mysterien-Rituale wird der Eingang in die Unterwelt durch einen Schacht dargestellt, in den zumindest in zwei Fällen der Einzuweihende auch konkret hinabsteigt. Dieser Schacht ist auch aus den Ritualen der Hethiter und Luwier bekannt.

Im 6 Ritualen vereint sich der Einzuweihende im Jenseits mit der Göttin zur Wiederzeugung, die mehr oder minder deutlich ausgedrückt wird. Diese Szene ist u.a. auch aus dem indischen Krönungsritual und aus den germanischen Mythen bekannt.

Zur Sicherung der Zeugungskraft des Jenseitsreisenden wird in 6 der 11 Rituale ein Stier geopfert.

Der Jenseitsreisende ist in 6 Mysterien deutlich als der Sonnengott bzw. als mit dem Sonnengott gleichgesetzt zu erkennen. Diese Gleichsetzung war bis dahin den Königen vorbehalten gewesen.

In 6 Mysterien erscheint auch der Weltenbaum, der der Weg zum Himmel zu dem Sonnengott ist: 3 mal als Baum und 3 mal als Stab.

In 5 Ritualen wird auch die Wiedergeburt inszeniert, die auf die Wiederzeugung folgt.

Auch das Feuer als Jenseitstor erscheint in immerhin 4 Fällen sehr deutlich: 1 mal als Feuer, 1 mal als Feuer und Fackel sowie 2 mal nur als Fackel.

Je 4 mal erscheinen die Schlange als Tier des Jenseitsweges, der gehörnte Gott (Jenseitsreisender + Stieropfer), Musik und Tanz.

In je 2 Fällen wird von einem Reinigungsbad berichtet, vom Sitzen auf einem Fell (wie es auch von den Germanen beim „utiseta" und ebenso von den Jenseitsrisen der

Druiden bekannt ist), von einer siebensprossigen Leiter in den Schacht (die auch schon die Hethiter verwendeten) und von Gesang.

Je 1 mal erscheinen das Schweineopfer, die Quelle, die Getreidehalme, die Getreidegöttin, weiße Gewänder, ein Sänger und ein Essen.

Die grundlegende Symbolik der Bestattungszeremonien, Einweihungsrituale, Mysterien und Krönungen ist recht einfach: Im Diesseits wird im Ritual das dargestellt, was gleichzeitig bzw. früher einmal im Jenseits stattgefunden hat. Diese Vorgänge bestehen von der Grundstruktur her aus der Wiederzeugung, der Wiedergeburt und dem Wiederstillen:

symbolischer Tod	Bestattung, Rückzug in die Wildnis, Eintauchen in den Schacht, Beginn der Meditation oder des Fastens u.ä.	
Wiederzeugung	Vorbereitung	Opfer des Stieres, Pferdes oder Hirsches;
	Diesseits (Ritual)	Vereinigung der Königin o.ä. mit dem Opfertier (Minotaurus, indisches Krönungsritual, Germanen)
	Jenseits (Vision)	Vereinigung des Jenseitsreisenden mit der Göttin
Wiedergeburt	Diesseits (Ritual)	Rückkehr des Jenseitsreisenden aus dem Einweihungsschacht
	Jenseits (Vision)	Wiedergeburt des Jenseitsreisenden durch die Göttin
Wiederstillen	Diesseits (Ritual)	Trinken des Trankes der Göttin, der sich in dem Kessel befindet, aus den Trinkhörnern
	Jenseits (Vision)	Gestilltwerden durch die Göttin; von ihr oder später auch von dem Göttervater den Göttertrank erhalten
erreichtes Ziel	Verbindung zur Muttergöttin, zu dem Stammesgott, den Ahnen und der eigenen Seele	

VI Schamane und Krieger

Eine Besonderheit der Schamanen bei den Kelten und Germanen ist die Entwicklung einer Kampf-Ekstase, wodurch der Stand der Krieger mit dem Stand der Priester verschmolzen worden ist – vermutlich ist dies während der vielen Kriege in der Völkerwandungszeit geschehen.

Ca. 500 Jahre später hat sich diese Entwicklung im Christentum und im Islam in der Form der Tempelritter und der Dschihad-Kämpfer wiederholt.

Ähnliche Entwicklungen gibt es auch im Fernen Osten bei den Shaolin und anderen von Mönchen ausgeübten Kampfkünsten.

Zwei heutige Versionen dieser Synthese sind in der realen Welt die Kampfmagie und im Film die Yedi-Ritter.

VII   Die Biographie des Odins

Odin als Schamanengott stammt letztlich aus der Altsteinzeit. Seine verschiedenen Merkmale wie der Speer, seine Einäugigkeit, sein achtbeiniges Pferd usw. haben jedoch ein recht verschiedenes Alter.

Odins Jenseitsreisen stammen aus der frühen Altsteinzeit und wurden durch die Nahtod-Erlebnisse (Astralreise) hervorgerufen, die dann zu der Vorstellung eines Jenseits, in dem die Seelen der Toten sind, führte. Dieses Erlebnis ergab dann seinerseits die Vorstellung von Seelen als Vögeln (Odins Raben, Freyas Falkenhemd, Walküren). Die Walküren als Verbindung der Muttergöttin mit dem Seelenvogel, also die Muttergöttin in Vogelgestalt, findet sich auch in anderen Mythologien wie z.B. bei den Ägyptern (Isis als Falke, Mut und Nechbet als Geier) und datiert daher vermutlich aus der frühen Jungsteinzeit, in der die gemeinsamen Vorfahren dieser Völker lebten.

Dieses Jenseits war eine Wasserunterwelt, weil zum einen die tiefen Wasser ein Ort waren, an den die Lebenden nicht gelangen konnten und wo man daher die Toten vermuten konnte, und zum anderen war das Jenseits als Analogiebildung zu den Wassern in der Gebärmutter vor der Geburt eine Wasserunterwelt. Daraus entwickelte sich dann die Vorstellung von der Insel in der Wasserunterwelt und schließlich der Jenseitsfluß mit dem Jenseitsfährmann. Diese Entwicklung kann man in der frühen bis mittleren Altsteinzeit vermuten. Odin erscheint im Harbard-Lied als ein solcher Jenseitsfährmann.

Mimirs Quelle als Eingang zur Unterwelt wird ein altsteinzeitliches Bild sein, da sich die Quelle fast von selber als Unterwelteingang aus der Kombination der Wasserunterwelt mit dem Höhleneingang als Unterwelteingang ergibt.

Das Bild der Wiedergeburt der Seelen im Jenseits durch die Muttergöttin wird schon in den spätaltsteinzeitlichen Höhlenmalereien sichtbar, aber es wird doch deutlich älter sein.

Das Motiv der Seelenzeugung ergab sich im Laufe der Zeit als ergänzendes Bild aus der Vorstellung der Wiedergeburt und stammt spätestens aus der späten Altsteinzeit, da es Bilder in den Höhlenmalereien gibt, die auf diese Vorstellung hinweisen. Dieses Motiv findet sich am deutlichsten in dem Lied „Die Rückholung des Skaldenmets", in dem sich Odin vor seiner Rückkehr mit der Riesentochter Gunnlöd vereint.

Das Großraubtier als Zeichen des stärksten Jägers wird ziemlich bald nach der Entstehung des Schamanismus, also in der mittleren Altsteinzeit, auch auf die Schamanen übergegangen sein. Odin trägt ein Bärenfell, der in späteren Darstellungen zu einem Mantel geworden ist. In manchen Darstellungen wird er auch von einem Bären, der aufrecht hinter ihm steht, begleitet.

Die Vorstellung vom Göttermet, d.h. von der rituell von der Gemeinschaft getrunkenen Milch der Göttin wird vermutlich ohne klaren Anfang sein, da es anzunehmen ist, daß sich das Gestilltwerden durch die leibliche Mutter allmählich auf die Vorstellung des Gestilltwerdens durch die Muttergöttin ausgeweitet haben wird. Die konkrete Verwendung eines solchen Trankes im Kult wird vermutlich nicht vor dem Beginn der Viehzucht liegen, also nicht vor ca. 9.000 v.Chr. – weil es davor an der Milch fehlte ...

Der Stier als Symbol der Zeugungskraft und die Kuh als Symbol der Fruchtbarkeit reichen zumindest bis in die Spätaltsteinzeit zurück, aber es ist anzunehmen, daß eine es eine solch naheliegende Assoziation wie die zwischen den Herdentieren und der Fruchtbarkeit auch schon in der frühen Altsteinzeit gegeben haben wird. Bei den Indogermanen ist dann das Pferd an die Stelle des Stieres getreten. Die Symbolik der Zeugungskraft des Pferdes, die anfangs z.B. im indischen Krönungsritual noch deutlich vorhanden war, hat sich dann allmählich auf die Vorstellung des Pferdes als Jenseitsreittier verschoben. Das Motiv der Paarung mit einem Pferd (ursprünglich mit einer Kuh bzw. einem Stier – z.B. Minotaurus) hat sich immerhin noch in der Verwandlung des Loki in eine Stute, die dann zusammen Gullfaxi, dem Pferd des Reifriesen Hrungnir, Odins Sleipnir zeugte, erhalten.

Das Motiv der Einäugigkeit bzw. der Zweizahl als Symbol für Diesseits und Jenseits findet sich schon in der spätaltsteinzeitlichen Höhlenmalerei, in der die zweifache Göttin dargestellt wird. Die Einäugigkeit ist durch ihr Auftreten bei den Indogermanen und als Variante bei den Ägyptern (Horusauge) ab der frühen Jungsteinzeit gesichert.

Mimirs Schädel, mit dem Odin spricht, ist eine Vorstellung aus der späten Jungsteinzeit, in der man damit begann, den Schädel der Verstorbenen im Wohnhaus in Nischen aufzubewahren, um über diesen Schädel Kontakt mit der Seele des betreffenden Menschen aufnehmen zu können. Es gibt aber vereinzelte Hinweise auf einen Schädelkult, der bis in die Spätaltsteinzeit zu den Neandertalern zurückreicht.

Der Ursprung des Wolfes als Jenseitsbegleiter wird, da er zu Beginn der Jungsteinzeit domestiziert worden ist, auch ungefähr ab dieser Zeit auch als Wächter der Unterwelt und als Jenseitsbegleiter aufgefaßt worden sein.

Der Speer ist eine alte Jagdwaffe, die noch aus der frühen Altsteinzeit stammt, aber aber erst ab dem Königtum zur Kampfwaffe zwischen Menschen wurde – nachdem der Krieg erfunden wurde ...

Der Helm wurde ebenfalls erst nach der Gründung der ersten Königreiche erfunden.

Der Weltenbaum ist ein mythologisches Motiv, das aus der späten Mittelsteinzeit stammen wird, als das Jenseits allmählich an den Himmel verlegt wurde, was vor allem aufgrund der Himmelsbeobachtungen zur Jahreszeitbestimmung (Aussaattermin) geschah. Zu Beginn der Jungsteinzeit ist der Weltenbaum bzw. die Himmelssäule bereits ein fester Bestandteil der Mythologie, da schon in Jericho, der ersten Stadt überhaupt, in der Mitte ein hoher Turm errichtet wurde.

Der Thron ist als Göttersitz das erste Mal für die Mittlere Jungsteinzeit als Thron der Muttergöttin in Catal Höyük belegt. Es ist daher denkbar, daß Odin einen solchen Thron ab der Zeit, in der er sich von einem Ahnen zu einem Urbild, also einem Gott weiterentwickelt hatte, auch einen solchen Thron erhielt. Dies wird am Anfang des Königtums um ca. 3.000 v.Chr. geschehen sein. Da Odin als Schamanengott allerdings in erster Linie ein Wanderer ist, ist es auch gut möglich, daß er seinen Thron erst in der Völkerwanderungszeit erhielt, als er auch zum Königs- und Kriegsgott wurde.

Aus der mittleren Jungsteinzeit stammt auch die Vorstellung von Odin als Göttervater, da es vorher eine matrilineare Familienordnung gab. Allerdings läßt sich nicht sicher sagen, ab wann Odin konkret zu einem Göttervater wurde, da es durchaus möglich ist, daß er lange Zeit die Stellung eines reinen Schamanengottes innehatte, bevor er in der Völkerwanderungszeit an die Stelle des (indo-)germanischen Himmels- und Königsgottes Tyr (= Teiwas/Zeus/Deus/Deva) trat und als solcher dann erst zum Göttervater wurde.

Odin als Krieger kann ebenfalls frühestens aus der Zeit des Königtums stammen, wobei anzunehmen ist, daß dieser Charakterzug erst in der Völkerwanderungszeit zu Odin hinzutrat, da selbst in den germanischen Götterliedern Odin noch sehr deutlich und fast ausschließlich ein Jenseitsgott ist.

Der Ring Draupnir ist ein Symbol der Symbolik, das Odin von seinem Vorgänger Tyr übernommen – der Lauf der Sonne ist das Urbild für die Jenseitsreise.

Um 600 v.Chr. ist Odin vom Schamanen zum Leiter der germanischen Mysterien, d.h. der Einweihugnsrituale geworden. Dieser Leiter der Einweihungen ist dann nach und nach selber zu einem Urbild, d.h. zu einem Gott geworden – zu Odin.

Das Alter von Odins Merkmalen							
	Historische Zeit	Königtum	Jungsteinzeit	Mittelsteinzeit	Jüngere Altsteinzeit	Mittlere Altsteinzeit	Frühe Altsteinzeit
Astralreise	x	x	x	x	x	x	x
Bär	x	x	x	x	x	x	x
Mantel	x	x	(Bären-fell)	(Bären-fell)	(Bären-fell)	(Bären-fell)	(Bären-fell)
Herdentiere	x	x	x	x	x	x	x
Speer	x	x	(Jagd-waffe)	(Jagd-waffe)	(Jagd-waffe)	(Jagd-waffe)	(Jagd-waffe)

	Histo-rische Zeit	König-tum	Jung-stein-zeit	Mittel-stein-zeit	Jüngere Altstein-zeit	Mittlere Altstein-zeit	Frühe Altstein-zeit
Jenseitsreise	x	x	x	x	x	x	
Raben	x	x	x	x	x	x	
Wasserunterwelt	x	x	x	x	x	x	
Mimirs Quelle	x	x	x	x	x	?	
Wiedergeburt	x	x	x	x	x	?	
Seelenzeugung	x	x	x	x	x	?	
Pferd	x	x	(Stier)	(Stier)	(Stier)	?	
Zweizahl	x	x	x	x	?	?	
Jenseitsfluß	x	x	x	x	?		
Jenseitsfährmann	x	x	x	x	?		
Mimirs Schädel	x	x	x	?	?		
Einäugigkeit	x	x	x	?			
Weltenbaum	x	x	x	?			
Göttermet	x	x	x	?			
Falkenhemd	x	x	x				
Wölfe	x	x	x				
Walküren	x	x	x				
Falkenhemd	x	x	x				
Zauberstab	x	x	x				
Thron	x	x	?				
Draupnir	x	x	?				
Krieger	x	x					
Göttervater	x	x					
Helm	x	x					

Odin begann vor langer, langer Zeit als ein Steinzeitjäger (Australopithecus), der mit seinem Holzspeer Rehe, Rinder und andere Herdentiere jagte und sich mit seinem Speer gegen die Großraubtiere wehrte, die ihrerseits diesen Steinzeitjäger als Mahlzeit auserkoren hatten.

Der erfolgreiche Jäger hängte sich dann das Fell des Großraubtiers um und erhoffte sich dessen Kraft bei seinen zukünftigen Jagden.

Die Herdentiere werden schon damals ein Symbol für die Fruchtbarkeit gewesen sein, die sich die Steinzeitjäger sowohl für ihr Jagdwild als auch für ihre Frauen erhofften. Die Große Mutter, die man wie fast alle Warmblütler bei den regelmäßi-gen Treffen feierte, erhielt dadurch bisweilen eine Kuh-Frau-Mischgestalt.

Das Leben war damals gefährlich und es kam des öfteren vor, daß ein Jäger nur knapp überlebte und dabei ein Nahtoderlebnis hatte und sich über seinem eigenen Körper schweben sah. Um dieses Erlebnis seinen Stammesgenossen mitzuteilen, beschrieb er dieses Erlebnis mit dem Vogel-Gleichnis, wodurch die Seelen Vogel-Gestalt erhielten – Odin sah das erste Mal seinen Raben.

Wenn die Lebenden eine solche Seele hatten, mußten nun auch die Seelen der Verstorbenen irgendwo sein, da die Seelen offensichtlich von dem materiellen Körper unabhängig war. Der wahrscheinlichste Ort waren die tiefen Seen und das Meer, denn dort unten konnte kein Lebender hingelangen – folglich war dort das Totenreich. Auch das Reich unter der Erde, in die hinein man die Toten begrub, kam als Jenseits infrage. Die Oberflächen der tiefen Seen, der Meeresstrand und die Quelle und Höhlen waren nun der Eingang in die Unterwelt.

Mit einiger Übung gelang es dem einen oder anderen Jäger, die Astralreise, die er bei seinem Nahtoderlebnis erlebt hatte, absichtlich zu wiederholen und zu den Seelen der Ahnen zu reisen. Dabei erlebte er, daß diese Ahnen ihm Rat und magische Hilfe geben konnten. So wurde aus dem gelegentlichen Nahtoderlebnis die Möglichkeit, einen beständigen Kontakt zu den Verstorbenen aufrechtzuerhalten. Dadurch wurde der Jäger, der ein Nahtoderlebnis gehabt hatte, nun zu einem Schamanen – Odin hatte den Kern seines Wesens entdeckt. Und als Zeichen dieser magischen Stärke hängte er sich nun auch ein Bärenfell um. Und er traf sich auch mit anderen Schamanen, um von ihnen zu lernen und um neue Jäger, die ein Nahtoderlebnis gehabt hatten, die absichtliche Astralreise zu lehren.

Wie kamen die Toten nun in das Jenseits und warum lebten die Toten dort weiter? Es lag nahe, sich die Ankunft im Jenseits als eine Geburt durch die Große Mutter vorzustellen – also eine Wiedergeburt im Jenseits analog zu der Geburt im Diesseits. Wenn es nun eine Wiedergeburt gab, sollte es vorher im Jenseits eigentlich auch eine Wiederzeugung geben … Und um diese Zeugung auch sicher durchführen zu können, war es besser, sich die Zeugungskraft eines Stieres zu wünschen, der dann mit der Großen Mutter als Kuh im Jenseits die eigene Seele zeugte. Aber diese Vorstellungen von der Wiedergeburt und der Seelenzeugung entstanden nur ganz allmählich. – Odin sah sich nach und nach nicht mehr nur als passiv von der Großen Mutter wiedergeborenen, sondern als selbstgezeugtes Wesen an.

Aus der Wasserunterwelt wurde allmählich, als sich die Vorstellungen vom Jenseits immer mehr dem Diesseits anglichen, allmählich eine Insel im Wasser und schließlich das Land hinter dem Jenseitsfluß, wodurch die Schamanen zu Jenseitsfährmännern wurden. – Odin baute sich ein Floß und später ein Boot, um die Toten über den Jenseitsfluß zu begleiten.

Viel später wurde das Sammeln von Körnern von Gräsern als ein wichtiger Ernährungsbeitrag entdeckt und schließlich das Wachsen dieser Körnergräser systematisch gefördert, sodaß schließlich der Ackerbau entstand. Aus dem Stein-zeitjäger wurde nun ein Ackerbauer, der den Himmel beobachtete, um den richti-gen Aussaattermin zu erkennen. Schließlich kam er auf den Gedanken, daß die Seelen auch dort oben sein könnten, was schließlich zu dem Bild des Weltenbaumes als Weg in den Himmel hinauf führte. – Odin benutzte sein Erlebnis der Jenseitsreise, um damit auch das Schicksal des Getreides, also seine Ernte, seine Aussaat, sein Keimen und sein Wachsen zu beschreiben – aber daraus wurde ein eigenständiger Korn- und Totengott, dem Odin auf seinen mythologischen Reisen zwischen Diesseits (Sommer) und Jenseits (Winter) half.

Da sich das Jenseits nun im Himmel befand, wurde ein Weg in den Himmel benötigt, den man dann auch in der Form des Weltenbaumes und später in der Form des Turmes und der Pyramide fand. Als Symbol seiner engen Verbindung mit diesem Weg in den Himmel hinauf trug Odin und auch alle anderen Schamanen und Seherinnen ab dieser Zeit einen Stab als ihr Zeichen in der Hand. Da Odin seine magische Macht durch seine Verbindung zu den Ahnen und Göttern erhielt, die durch den Stab symbolisierte wurde, wurde dieser Stab von vielen seiner Zeitgenossen bald auch als Quelle seiner magischen Fähigkeiten angesehen – er wurde zum Zauberstab.

Aus der Wiedergeburt hatte sich inzwischen die Vorstellung des Gestilltwerdens durch die Göttin entwickelt, weshalb bei den Mutterfesten nun zuerst Milch, dann Milch und Honig und später komplexer gebraute Getränke getrunken wurden, um die Verbindung mit der Großen Mutter wiederherzustellen bzw. zu erneuern und zu verstärken. – Es war natürlich Odin, der aufgrund seiner besonders guten Verbindung zu den Ahnen im Jenseits und zu der Muttergöttin diesen Trank am besten brauen konnte.

Um mit den Ahnen gezielter und individueller Kontakt aufnehmen zu können und um auch nicht gleich jedesmal den Schamanen rufen zu müssen, bewahrte man die Schädel wichtiger Verstorbener im Wohnhaus in Nischen in der Wand auf und konnte so jederzeit mit ihnen sprechen. – Auch Odin hob sich das Haupt seines wichtigsten Vorfahren auf, um mit ihm bei Bedarf sprechen zu können. Dies war das erste telepathische Telefon …

Die Schamanen als Wanderer in zwei Welten konnten offenbar auf zwei Arten sehen bzw. hatten gewissermaßen zwei Augen: eins für das Diesseits und eins für das Jenseits. – Odin schloß sich dieser Symbolik an, sodaß ihn nun alle aufgrund seines einen blinden Auges als Schamanen erkennen konnten. Es gab auch die Vorstellung, daß blinde Schamanen am besten im Jenseits sehen konnte, wodurch das Bild des blinden Sehers entstand. Odins Kollegen bei den Kelten, den Indern, den Sumerern und den Ägyptern wählten ein anderes Erkennungszeichen: Sie schoren sich die Köpfe kahl, damit sie wie Totenschädel aussahen, was ja ein unverkennbares Symbol ihres Kontaktes zu den Ahnen war – aber Odin zog wie auch sein römischer Kollege Janus die Augensymbolik vor.

Aus der Wiedergeburt als Seelenvogel wurde die Vorstellung, daß die Muttergöttin den Toten im Jenseits ein Federhemd reichte, durch daß die Toten dann fliegen konnten.

Durch die Domestizierung des Wolfes wurde der Wolf nicht nur der Begleiter des Jägers sowie der Wächter des Hauses, sondern auch der Begleiter des Schamanen und der Wächter des Jenseits, sodaß der Schamane nun von einem Vogel und von einem Wolf (oder Schakal oder Hund) begleitet wurde.

Als das Pferd zu dem ersten „motorisierten Fahrzeug" in der Geschichte der Menschheit wurde, gingen natürlich auch die Schamanen mit der Zeit und tauschten den langsamen Nachen, mit dem sie bisher über den Jenseitsfluß gestakt waren, gegen das modernere und deutlich schnellere Pferd aus.

Zu Beginn des Königtums wurde die Schamanensymbolik nach und nach auch auf den König übertragen. Als die Hunnen in Europa einfielen und allenthalben Kriege und kleinere Kämpfe ausbrachen, sah sich Odin gezwungen, effektive Methoden des Kämpfens zu ersinnen und wurde so auch zum Königs- und Kriegsgott, indem er diese Rolle von den bisherigen Königs- und Himmelsgöttern Tyr und Thor übernahm. Nun, genau genommen flehte man ihn nun auch um militärischen Beistand an, da er bisher auch in allen magischen Fragen Rat und Beistand gegeben hatte. So nahm Odin schließlich auf dem Königsthron Platz – sozusagen ein Schamane auf dem Thron.

Da das Königtum eng an die militärische Macht, also an die Krieger gebunden war, konnte die Trance des Schamanen auch zur Kampfeswut des Kriegers werden, wodurch dann das Bärenfell zum Symbol des Ekstase-Kriegers und der Helm des Kriegers auch ein Symbol des Schambeinen-Göttervaters werden konnte. – Es waren heftige Zeiten und Odin vertauschte seinen Stab gegen den Speer und setzte sich einen Helm auf den Kopf und er schickte seinen Schamanen eine Inspiration, durch die sie erkannten, wie sie ihre Fähigkeit zur Ekstase auch im Krieg einsetzen konnten.

Und nun sitzt Odin in sein Bärenfell gehüllt auf seinem Thron in Asgard, seinen Speer an den Thron gelehnt und den Helm auf dem Kopf, seine Raben auf seinen Schultern, seine Wölfe zu seinen Füßen, während Sleipnir an dem Weltenbaum gebunden nicht weit entfernt steht und grast … und Odin blickt über die Welt und fragt sich, was wohl er nächste Schritt sein wird, den sein Leben gehen wird, wohin ihn die Entwicklung führen wird ... und es gäbe gerade jetzt wieder einmal viele Schritte, die die Menschen gehen müssten ... ob er wieder dabei um Hilfe gebeten wird?

VIII   Odins Erben

VIII 1.   Grimms Märchen

In den Grimm'schen Märchen finden sich viele Motive der germanischen Mythologie wieder, zu denen auch Odin zählt, dessen Gestalt jedoch schon sehr stark umgeformt worden ist.

Als Gestalt erscheint Odin vor allem als Jäger, der in den Wald geht, der bei den Germanen oft ein Symbol des Jenseits gewesen ist. Der Jäger ist meistens der Retter aus großer Not wie in „Schneewittchen", „Rotkäppchen" sowie in „Der Wolf und die sieben Geißlein".

Interessant ist auch die Verwandlung in einen Bären, wie sie in „Schneeweißchen und Rosenrot", „Der goldene Vogel" und „Die Kristallkugel" beschrieben wird, da diese Fähigkeit zu den Eigenschaften des Odin und der zu ihm gehörenden Berserker („Bärenfell-Mänenr") zählt. Zu dieser Symbolik gehört auch noch das Bärenfell als Mantel, das in „Die Goldkinder" und „Der Bärenhäuter" zu finden ist.

Der Ring, den man erhält, wenn man die Äpfel des Lebens holt in dem Märchen „Der Königssohn, der sich vor nichts fürchtete" sieht sehr nach Odins Ring Draupnir aus.

Nur lose zu Odin gehören der Baum mit den goldenen Äpfel oder den Äpfeln des Lebens (Idun), der sich in den Märchen „Der goldene Vogel", „Der Teufel mit den drei goldenen Haaren", „Der Königssohn, der sich vor nichts fürchtete" und etwas undeutlicher auch in „Frau Holle" findet.

Die Verwandlung in einen Seelenvogel ist hingegen zu allgemein, um nur Odin zugeordnet werden zu können.

Wenn man die Märchen insgesamt betrachtet, so findet man in ihnen die Jenseitsreise als die gemeinsame Grundstruktur wieder – die auch das Kernthema der Odin-Mythen ist.

VIII 2. Gandalf und andere Zauberer

In der heutigen Zeit gibt es immerhin fünf gut bekannte Zauberer, die u.a. als Nachkommen des Odin gelten können.

Zunächst einmal ist dies Miraculix, der in seinem Kessel Zaubertränke braut. Dieses Brauen findet sich auch bei den Germanen in der Seidir-Kunst und in der Herstellung des Göttermets und geht letztlich auf die allen Indogermanen gemeinsame Tradition der Herstellung eines rituellen Getränkes zurück, durch das man das ewige Leben erhielt. Die Braukunst des Druiden Miraculix aber eher auf den keltischen Kessel der Göttin Cerridwen und die Verwandlungen ihres Sohnes, des Druiden und Barden Taliesin, zurück als auf den Kessel des Riesen Hrungnir, in dem der Göttermet gebraut wurde – aber letztlich sind beide Traditionen eng miteinander verwandt.

Den zweiten berühmten Kessel benutzte Lord Voldemort bei seiner Wiedergeburt, wobei in diesem Fall vor allem die mittelalterlichen Vorstellungen über die Hexen sowie der Kannibalismus (Wurmschwanz' Opfer seiner Hand, die Asche von Voldemorts Vater und Harrys Blut) die Szenerie abgeben. Insgesamt ähnelt diese Darstellung auch ein wenig der Herstellung des Kwasir durch die Asen.

Der bekannteste Zauberer ist sicherlich Gandalf, der als Wanderer und Kriegsführer, als sterbender und wiedergeborener Zauberer sowie als Freund der Menschen dem Odin sehr ähnlich ist.

Albus Dumbledore ist im Vergleich zu Gandalf deutlich „menschlicher", d.h. er steht nicht über den Menschen, sondern er ist einer von ihnen.

Schließlich findet sich in den „Star-Wars"-Filmen noch Meister Yoda als Lehrer der Yedi-Ritter in einer ähnlichen Postion wie Odin in Bezug auf die Berserker. Die Reise des Luke Skywalker auf den abgelegenen Planeten, auf den sich Meister Yoda zurückgezogen hat, ist eine ferne Erinnerung an die Jenseitsreise.

Dann gibt es noch jemanden, der in diese Aufzählung gehört, auch wenn man es ihm nicht gleich auf den ersten Blick vielleicht anmerkt: der Weihnachtsmann. Historisch geht er auf den Heiligen Nikolaus, einen Bischof aus dem 4. Jahrhundert zurück, weshalb er im englischsprachigen Bereich auch Santa Claus genannt wird. Wenn man jedoch die Symbolik um den Weihnachtsmann betrachtet, dann werden einige interessante Strukturen sichtbar.

Zunächst einmal hat sich der Heilige Nikolaus, dessen Fest am 6. Dezember stattfindet, auf Heiligabend hin verschoben bzw. verdoppelt, wo er dann zum Weihnachtsmann wurde – es muß also an Weihnachten etwas geben, was eine solche Gestalt angezogen hat.

Weihnachten ist das Fest der Geburt bzw. Wiedergeburt der Sonne, da zur Wintersonnenwende die Tage wieder länger werden. Dies ist zwar eigentlich der 21. 12., aber aufgrund vieler Kalenderänderungen haben sich die Wintersonnenwende,

Weihnachten und Neujahr auf drei Feste aufgesplittert, obwohl sie ursprünglich eigentlich nur ein Fest gewesen sind – eben der Beginn des neuen Jahres zur Zeit der Wintersonnenwende.

Man kann sich auch einmal die berechtigte Frage stellen, ob Christus eigentlich wirklich ein Steinbock war – was er ja sein müßte, wenn er am 24. 12. geboren worden ist. Dieses Datum wird nirgendwo in den alten Schriften überliefert und man kann daher davon ausgehen, daß es erst im Nachhinein so festgelegt worden ist und dies Datum daher keine astrologische Aussagekraft besitzt.

Die nachträgliche Wahl des Geburtsdatums Christi fiel vermutlich deshalb auf die Wintersonnenwende, weil dies in Europa und Kleinasien das Geburtsfest der Sonne war und sich dieses Fest am ehesten in religiöser Hinsicht neutralisieren ließ, wenn man es zur Geburt Christi umdeutete. Man kann sogar vermuten, daß die Geburt Christi erst diese große Bedeutung bekam, nachdem man die heidnische Wintersonnenwende christlich umgedeutet hatte, denn das eigentliche christliche Fest ist Ostern mit der Wiederauferstehung. Möglicherweise hat man vor dieser Umdeutung Christi' Geburt überhaupt nicht gefeiert ...

Dann fällt an Weihnachten natürlich noch der Weihnachtsbaum auf. Er hat sich als Brauch im 19. Jahrhundert von Deutschland ausgehend in der ganzen westlichen Zivilisation verbreitet. In Deutschland selber stammt die erste sichere Erwähnung eines Weihnachtsbaumes von ca. 1.500 n.Chr., aber es gab auch schon vorher den Brauch, zur Wintersonnenwende Tannenzweige ins Haus zu hängen. In ähnlicher Weise hingen die Römer zur Wintersonnenwende Lorbeerzweige in ihr Haus und die Kelten Mistelzweige (letzteres ist allerdings umstritten). Am deutlichsten findet sich der „Weihnachtsbaum" im Mithraskult, in dem zur Wintersonnenwende ein Baum zu Ehren des Sonnengottes geschmückt wurde.

Als letzter weihnachtlicher Brauch findet sich schließlich noch der Adventskranz, der seit ca. 1.200 n.Chr. nachweisbar ist. Er bildet einen Kreis, der durch vier in regelmäßigen Abständen aufgesteckte Kerzen in vier Viertel eingeteilt ist.

Wenn man die jeweils gegenüberliegenden Kerzen mit einer Linie verbindet, erhält man das einfachste und am weitesten verbreitete aller Mandalas der Mitte und der Sonne: den Kreis mit dem Kreuz in ihm. Die mit einem Mandala verbundene Zeremonie besteht im allgemeinen darin, daß man alle Teile des Ganzen auf dem äußeren Kreis nach und nach versammelt, worauf hin dann im Zentrum die Einheit, die Quelle dieser versammelten Teile des Ganzen, erscheint. Die Kerzen sind somit eine Analogie z.B. zu den vier Himmelsrichtungen oder den vier Elementen.

Man sollte nun vermuten, daß auch in dem Adventskranz etwas im Zentrum erscheint, was ja auch geschieht, obwohl es in unserer Kultur in aller Regel neben dem Adventskranz und nicht in ihm steht: der Weihnachtsbaum.

Es sieht so aus, als ob sich hier eine alte Symbolik unbewußt neu inszeniert hätte: Der Aufbau eines Mandalas, in dem dann in der Mitte der heilige Ort, d.h. der

Weltenbaum erscheint. Der Weltenbaum ist der Weg zwischen Himmel und Erde, zwischen Diesseits und Jenseits, durch den der Segen bzw. die Seele aus dem Jenseits ins Diesseits gelangen kann, was in diesem Fall die wiedergeborene Sonne bzw. das Christkind ist. Im Zentrum des Adventskranzes erscheint also eigentlich das Christkind und der Weihnachtsbaum ist sein Weg vom Jenseits ins Diesseits.

Somit wird auch deutlich, was den alten Mann in dem roten Mantel zu diesem Fest gezogen hat. Da bei einer Reise vom Jenseits ins Diesseits in der Regel der Schamane mithilft, handelt es sich bei dem Weihnachtsmann von der Symbolik her um den Nachfolger des Odin.

Die Geburt Christi ist eine Analogie zu der Geburt der Sonne zur Wintersonnenwende und beide sind auch eine Analogie zu der Wiedergeburt der Seele nach dem Tod – und auch zum Wiederfinden der eigenen leuchtenden Mitte bereits während des eigenen Lebens. Daher ist Weihnachten eigentlich ein Fest der Selbstbesinnung und der Selbsterkenntnis – und der Weihnachtsmann bzw. Odin ist der Schamane, der dabei hilft.

Dadurch wird auch deutlich, was eigentlich die Geschenke sind, die der Weihnachtsmann bringt: es die Seele, die er aus dem Jenseits ins Diesseits begleitet bzw. die Seele, die er denen, die nach ihr suchen, als symbolischer Begleiter auf der Traumreise zur eigenen Mitte bewußt macht. Der Weihnachtsmann ist der Begleiter auf der eigenen Visionssuche – so wie Odin der Beschützer der Jenseitsreisenden war. Diese Geschenke waren schon bei den germanischen Julfesten zur Wintersonnenwende ein wichtiger Brauch.

Die „guten Vorsätze" von Sylvester haben ihren Vorläufer in den Jul-Eiden der Wikinger, die zu diesem Zeitpunkt festlegten, was sie im nächsten Jahr vollbringen wollten.

Die Geschenke sind wie der Reichtum und die Königswürde in den Märchen an die Stelle des Wiederfindens der Seele und der Wiedergeburt getreten …

Diese weihnachtlichen Bräuche haben sich nun keineswegs von den Germanen bis heute hin ununterbrochen erhalten können. In Weihnachten zeigt sich eher eine Symbolik, die sich selber wieder neu organisiert hat, weil sie keine ausgedachte Konstruktion ist, sondern eine innere Logik hat und dem Bedürfnis der Menschen nach Selbsterkenntnis und Erfülltsein entspricht.

Diese Struktur ist auch nicht an Odin oder an Christus oder irgendeine andere Gottheit gebunden – aber es sind in unserer Kultur diese beiden, die sich in dem Weihnachtsfest verbunden haben: Christus als Symbol der Sonne und der Essenz eines jeden Menschen, und Odin als der Jenseitsführer, der Helfer, der Begleiter, der Schamane.

Hier sind die alte germanische Religion und die neue christliche Religion weitgehend unbemerkt eine friedliche und wirksame Synthese eingegangen – wann ist es schon zumindest von der Möglichkeit her so still und besinnlich wie an Weihnachten?

IX   Odin – Möglichkeiten

IX 1. gestern und heute

Solange man sich mit Gottheiten nur rein akademisch befaßt, hat man das Wichtigste versäumt ... die Gottheiten sind real und können von jedem Menschen erlebt werden. Diese Möglichkeit läßt sich allerdings nicht nachweisen – man kann nur nach diesem Erlebnis streben.

Dies ist so ähnlich wie in der Chemie: Man kennt vielleicht schon einige Substanzen recht gut und kann mehr oder weniger genau berechnen, was wohl geschehen wird, wenn man sie mischt und auf eine bestimmte Temperatur erhitzt. Vielleicht hat man auch wenig Erfahrung mit Chemie und nimmt daher an, daß bei dieser speziellen Mischung nichts geschehen wird. Man weiß aber erst dann wirklich, was mit einer bestimmten Mischung bei einer bestimmten Temperatur geschieht, wenn man das Experiment konkret durchgeführt hat. Wenn dann nichts geschieht, kann es sein, daß die gesamten Annahmen falsch waren, aber es könnte auch sein, daß man die Mischung oder die Temperatur noch ein bißchen variieren muß.

Der Verstand kann nur über die ihm bereits bekannten Dinge nachdenken und aus ihnen neue Kombinationen bilden, aber die Erkenntnisse des Verstandes reichen immer nur so weit, wie die eigenen Erlebnisse, über die der Verstand dann nachdenken kann, reichen.

Dieses Kapitel des Buches besteht aus Anleitungen zu Experimenten, die mit der „Theorie Odin" zusammenhängen und sie nachvollziehbar machen sollen. Es geht also nicht darum, irgendeine der hier beschriebenen Möglichkeiten zu glauben, sondern darum, sie auszuprobieren und zu schauen, was dann geschieht.

Letztlich sind es die Ergebnisse dieser Experimente, die die Gestalt des Odin als sinnvoll erscheinen lassen können, da erst diese eigenen magisch-spirituellen Erlebnisse zeigen, was durch den Gott Odin eigentlich dargestellt wird.

Andererseits kann man natürlich auch Odin und ihm verwandte Götter darum bitten, einem selber dabei zu helfen, die Erfahrungen der Menschen in früheren Zeiten, die das Bild des Odin haben entstehen lassen, auch selber zu machen, und einem dafür förderliche Situationen, Menschen und Dinge zu senden.

Dies ist letztlich der eigentlich Wert von Odin und von Gottheiten allgemein: Sie können, wenn man sie darum bittet, einem Menschen helfen, die Qualität der betreffenden Gottheit in sich selber zu entwickeln – was eine ausgesprochen effektive Hilfe ist. Wenn man Odin sagt, daß man erleben möchte, was Odin eigentlich ist, dann wird er sich auch zeigen.

Man selber ist mit seinem Wachbewußtsein nur der „Manager vor Ort", aber die eigene Seele und die Gottheiten können die Situationen passend arrangieren.

Dieses Herbeirufen von passenden Situationen wird im allgemein Magie genannt, wenn es ein einzelner Mensch gezielt herbeiführt. Die Götter können dies in deutlich größerem Maßstab bewirken – es sei denn, ein Mensch hat schon die meisten seiner Traumata geheilt und den größten Teil seiner Psyche integriert.

Das Erleben einer Gottheit hat einen großen Wert – nicht nur in weltanschaulicher Hinsicht, sondern auch dadurch, daß Gottheiten Urbilder sind, also überpersönliche Bilder bzw. Qualitäten, durch deren Erleben man erkennen kann, wie der betreffende Aspekt des eigenen Wesens aussehen wird, wenn er geheilt ist. So kann man z.B. durch das Erleben von Odin erkennen, wie es ist, wenn man einen lebendigen Kontakt zu seiner eigenen Seele hat oder wie sich eine Astralreise anfühlt.

In den folgenden Abschnitten werden nun verschiedene Seiten von Odins Mythologie beschrieben und die ihnen entsprechenden individuellen Erlebnisse sowie Anleitung, wie man selber zu diesen Erlebnissen kommen kann, dargestellt.

IX 1. a) Ahnenkult und Familienaufstellungen

Die Grundlage des Schamanismus ist der Ahnenkult – wenn die Ahnen nicht so hoch geschätzt würden, gäbe es keinen Sinn, die Seelen der Verstorbenen durch einen Schamanen zu den Lebenden zurückholen zu lassen, damit sie weiterhin bei ihnen sein können.

Die Ahnen sind die Vorbilder, die man selber nachahmt und die einem die erste Orientierung in der Welt geben. Ein Teil des Verhaltens der Menschen ist durch Instinkte festgelegt und der andere Teil ist erlerntes Verhalten – vor allem durch Nachahmung der Eltern. Dann gibt es noch einen kleinen Teil, der sich in dem Wachbewußtsein befindet und der die jeweilige Situation betrachtet und darüber urteilt, welches Verhalten am sinnvollsten ist.

Der Bereich der Instinkte ist mit dem Krafttier und der Großen Mutter verbunden, der Bereich der Nachahmung mit den Ahnen, und der Bereich der bewußten Entscheidungen mit dem Verstand, dem Wachbewußtsein und mit dem, was man in der Regel das eigene Ich nennt.

Das eigene Ich ist also keineswegs der völlig unabhängige Souverän, als der er sich selber manchmal gerne sehen möchte, sondern der Gipfel eines Großen Berges, der an seinem Fuß der menschliche Körper ist, auf den dann die unteren Täler der Instinkte folgen, dann die Bergflanken der Nachahmung, auf denen sich schließlich ganz oben der Gipfel des Wachbewußtseins befindet.

Um in dem Bereich der Nachahmung eine Änderung in der „Programmierung" vornehmen zu können, ist es nötig, mit dem Wachbewußtsein in diesen Bereich hineinzugehen. Dies kann man mit Traumreisen und einigen Arten von Therapie erreichen, aber der direkteste Weg ist die Familienaufstellung.

Dies ist eine Methode, die Bert Hellinger von afrikanischen Medizinmännern erlernt und weiterentwickelt hat. In Afrika sind die Ahnen noch heute die Grundlage der sozialen Strukturen: Die Ahnen stehen mit den Ältesten in Verbindung und diese kümmern sich um die Gemeinschaft. Die Kette der Nachahmung ist in diesen Gemeinschaften also noch intakt.

Diese Ketten sind im heutigen Westen noch am ehesten als die Übertragungslinien von spirituellen Lehrern bekannt, die sich oft über mehrere Jahrhunderte erstrecken. Ein Lehrer, der einen bestimmten Reife- und Bewußtseinszustand und die damit zusammengehörigen Fähigkeiten erreicht hat, gibt diese Fähigkeit durch „Belehrung und Kraftübertragung", wie dies in Tibet recht technisch genannt wird, an seine Schüler weiter. Durch das bewußte Nachahmen, das vor allem aus einem sich-Öffnen und der Bereitschaft, mit dem Lehrer mitzuschwingen besteht, können Bewußtseinszustände und Fähigkeiten von dem Lehrer auf den Schüler sozusagen „per Resonanz" übertragen werden. Dies ist keine theoretische Erwägung, sondern eine ganz praktische Möglichkeit, die auch ausgiebig genutzt wird.

Eine dieser Übertragungslinien reicht z.B. von den altägyptischen Schamanen über Echnaton, Moses, Elias, Johannes den Täufer, Christus, Petrus und die Reihe der Päpste bis zu dem heutigen Oberhirten Franziskus I. Diese lange Übertragungsreihe sagt natürlich nichts darüber aus, was die einzelnen Personen in dieser Reihe aus ihrem Erbe gemacht haben.

Entsprechende Reihen gibt es auch im Buddhismus, im Hinduismus, im Islam und in vielen anderen Religionen. Es ist anzunehmen, daß es sie auch schon in der Altsteinzeit bei den Schamanen gegeben hat, da es sehr wahrscheinlich ist, daß sich ein Jäger, der ein Nahtod-Erlebnis gehabt hat, sich an einen erfahrenen Schamanen gewandt haben wird, um von ihm dabei geholfen zu bekommen, aus dieser ersten unfreiwilligen Astralreise eine gezielt einsetzbare Fähigkeit werden zu lassen.

In jedem Orden, jedem Mysterienkult und jeder Prophetenschule gibt es solche Übertragungslinien, die auf Belehrung, Einweihung und Übung beruhen.

Die „Otto Normalverbraucher"-Variante dieser Übertragungslinien besteht aus der Nachahmung der Eltern durch die Kinder, wodurch die beiden Hauptketten „Urgroßvater – Vater – Mann – Sohn – Enkel" und „Großmutter – Mutter – Frau – Tochter – Enkelin" entstehen.

In den Familienaufstellungen können diese durch Nachahmung weitergegebenen Familientraditionen bewußt gemacht und verändert werden.

Die Methode dazu ist sehr schlicht und effektiv. Angenommen X hat ein Problem mit seinem Beruf. Dann könnte A, die Leiterin der Familienaufstellung, X zunächst fragen, welche Personen derzeit mit seinem beruflichen Problem verbunden sind – evtl. seine Frau, sein Chef, sein Vater und vielleicht noch sein Bruder oder ein Arbeitskollege. Dann wählt X verschiedene Personen unter den Anwesenden, die an dieser Aufstellung teilnehmen, aus, die seine Frau, seinen Vater usw. vertreten sollen.

Diese Personen stellen sich nun in einen großen, dafür bereitgestellten Raum, der z.B. durch einen großen Teppich markiert sein kann. Und nun beginnt das Erstaunliche: Die Person, die den Großvater darstellt, beginnt zu hinken, obwohl sie überhaupt nichts über den Großvater weiß – und hört dann von X, daß der Großvater tatsächlich gehinkt hat. In dieser Weise entwickeln die Stellvertreter sehr schnell all die Eigenschaften und Verhaltensweisen, die die von ihnen dargestellten Personen tatsächlich haben.

Dadurch ergibt sich die Möglichkeit, die Stellvertreter nach ihren Motivationen und Wünschen zu befragen und lang vergangene Konflikte und Verletzungen aufzudecken, wobei man oft zu ganz erstaunlichen Erkenntnissen gelangt, die man dann später meist durch Gespräche mit anderen Familienmitgliedern bestätigen kann. Durch diese Gesprächsmöglichkeit können dann auch die Konflikte zwischen den Familienmitgliedern gelöst werden, was dann zu einer größeren Freiheit von X führt, der dann diese Last aus der Vergangenheit seiner Herkunftsfamilie nicht mehr mitzutragen braucht.

Der zentrale Heilungsvorgang besteht darin, die Ordnung in der Familie wiederherzustellen, d.h. X und seinen Eltern zu helfen, sich wieder die Hand zu reichen und vor allem die Eltern dazu zu bewegen, ihrem Kind durch ihre Stellvertreter einen Segen zu geben. Dies wird sich in der Regel nicht auf die Eltern und das Kind beschränken, sondern mehrere Generationen umfassen, in der der Segen z.B. von den acht Urgroßeltern über die vier Großeltern und die beiden Eltern zu dem Kind weitergegeben wird.

Dieser Segen ergibt eine sehr große Stärkung und einen großen Halt, der eine ziemlich überraschende Qualität sein kann, falls man lange Zeit von seinen Eltern abgeschnitten gelebt hat.

Die Leiter und Leiterinnen von Familienaufstellungen sind daher unter anderem auch die Nachfahren der Schamanen.

Odins Reisen in das Jenseits bzw. nach Utgard zu den Riesen, von denen er den Göttermet holt, sind solche Reisen zu den Ahnen, von denen man sich dann deren Segen erbittet. Der Göttermet ist letztlich die Milch der großen Göttin, und die in diesem Bild begründete Wärme, Nähe, Fülle und Geborgenheit, dieses Urvertrauen ist das, was den Segen der Ahnen ausmacht. Die Ahnen geben den Segen der Großen Göttin an jeden einzelnen ihrer Nachkommen weiter.

Daher kann eine Familienaufstellung noch effektiver werden, wenn man als Ausgangspunkt des Segens vor dem letzten aufgestellten Ahn noch die Urmutter durch eine Person aufstellen läßt. Eine solche Aufstellung entspricht dann der Reise des

Odin in das Jenseits zu der Großen Mutter, von der er dann ihren Segen zu der Person, für die die Aufstellung durchgeführt wird, bringt.

IX 1. b) Seelenteile und Traumata

Es lag nahe, von dem Zurückholen der Seele aus dem Jenseits durch die Schamanen auch eine allgemeine Methode zur Heilung von Krankheiten der Lebenden abzuleiten, die sich daher auch in fast allen schamanisch geprägten Kulturen als die „Rückholung von Seelenteilen" findet.

Das dieser Methode zugrundeliegende Bild ist einfach: Wenn beim Tod die ganze Seele den Körper verläßt, muß bei einer Krankheit ein Teil der Seele den Körper verlassen haben, sodaß durch das Zurückholen dieses Teiles der Seele die Gesundheit wiederhergestellt werden kann.

Diese Auffassung von der Seele ist nun nicht nur eine „prälogische" Ansicht ohne praktischen Wert, sondern sie entspricht durchaus den heutigen Vorstellungen über die Psyche. Wenn eine bestimmte Fähigkeit wie z.B. die Selbstverteidigung oder eine bestimmte Erinnerung wie z.B. eine Vergewaltigung oder ein Kriegserlebnis nicht mehr ertragen werden kann, wird es abgespalten und verdrängt, was bedeutet, daß man sich dieser Erinnerung oder dieser Fähigkeit nicht mehr bewußt ist und sie ein Eigenleben führt.

Da in diesem verdrängten Bewußtseinsinhalt aber auch ein Teil der Lebenskraft der betreffenden Person steckt, ist auch dieser Teil in der Person aktiv und behindert normalerweise die bewußten Entscheidungen dieser Person, da diese verdrängten Teile an diesen bewußten Entscheidungen nicht beteiligt waren – eben weil sie unbewußt waren.

Wenn nun solche Teile der Psyche lange genug verdrängt bleiben und daher nicht ausgelebt werden können, beginnen sie den Körper zu prägen – so wie die Lebenskraft und ihre Strukturen generell den Körper und sein Verhalten prägen. Im Falle von verdrängten Teilen der Psyche, die innerhalb der Psyche einen Konflikt erzeugen, lassen diese verdrängten Inhalte dann auch im physischen Körper einen Konflikt, d.h. eine Krankheit entstehen. Daher findet sich in der Psyche zu jeder Krankheit auch ein entsprechendes Bild von einem nicht integrierten Teil der Psyche.

Die Methode der Schamanen ist es nun, diese Teile der Psyche durch Traumreisen oder Astralreisen aufzuspüren und zu der betreffenden Person zurückzuholen. Der Vorgang der Reintegration dieses Teiles der Psyche fällt in der Regel recht heftig aus, da dabei die Gefühle, die zu der Abspaltung geführt haben, bewußt werden. Dies führt wiederum allgemein zu zwei verschiedenen Bildern, die diese heftige Erregung in der Psyche beschreiben: Das eine ist der Kampf des Schamanen mit den Dämonen der

Unterwelt, d.h. mit Ahnen, die dem Kranken nicht wohlgesonnen sind, und das andere ist die symbolische Zerstückelung und Wiederherstellung des Kranken.

Der Kampf des Schamanen mit den Dämonen bzw. der Kampf des Odin oder Thor mit den Riesen ist letztlich die Auseinandersetzung zwischen dem Kranken und seinem abgespaltenen Seelenteil, bei dem der Schamane dem Kranken hilft. In der Regel ist Thor derjenige, der kämpft, da Odin der Schamane ist. Aufgrund der Tatsache, daß der Schamane danach strebt, den Kranken und seinen abgespaltenen Seelenteil wieder zu reintegrieren, kann der Kranke auch das Verhalten des Schamanen als bedrohlich empfinden.

Das zweite Bild (die Zerstückelung) schließt sich von seiner Symbolik an den Kannibalismus und an die Symbolik des jungsteinzeitlichen Korngottes an, der bei seinem Tod, d.h. bei seiner Ernte zerstückelt und gedroschen und dann bei seiner Aussaat wiedergeboren wird. In den meisten Fällen wird dieser Vorgang so erlebt, daß man in seiner eigenen Vision oder der Schamane in seiner „Zuschauer-Vision" erlebt, wie der Kranke von den Ahnen zerstückelt wird, dann zusammen mit den zurückgeholten Seelenteilen, die auch die Gestalt von Tieren haben können, in einen Kessel geworfen und gekocht wird, woraufhin sich dann die neue, heile Gestalt des Kranken bildet, mit der er dann dem Kessel entsteigt.

Die heute vermutlich bekannteste Darstellung dieses Vorganges findet sich (in leicht abgewandelter Form) in der Wiedergeburt von Lord Voldemort am Ende des vierten Bandes des „Harry Potter"-Romans.

Die zurückgeholten Seelenteile, die mit in den Kessel geworfen werden, sehen für den Kranken meist sehr unangenehm aus, weil sie das darstellen, was er verdrängt und abgespalten und somit eben auch gefürchtet hat. In manchen Traditionen kommen auch Eisenmeteoriten oder Bergkristalle mit in den Kessel, die als Teile des Himmels und somit als Teile der „richtigen Ordnung aller Dinge" angesehen wurden. Sie sollten wie Katalysatoren und Vorbilder bewirken, daß der neu entstehende Körper des Kranken seine ursprüngliche, gesunde Gestalt wiederfindet.

Dieser Kessel, in dem zwei Polaritäten wieder „zusammengekocht" werden, ist auch das Vorbild für den Athanor der Alchemisten gewesen, also für das Glas-Ei, in dem sie die beiden Gegensätze Sulphur und Mercurius zum Lebenselixier und zum Stein der Weisen zu verbinden versuchten.

Der Bergkristall als Symbol des Himmels findet sich vor allem in Sibirien, aber auch bei Pythagoras, der das Bild von der Himmelsschale („Sphäre") aus Bergkristall zu den acht Himmelsschalen aus Bergkristall erweiterte, auf deren hinterster die Fixsterne ruhten, während die sieben innersten sich mit jeweils einem der sieben klassischen Planeten, zu denen auch Sonne und Mond gehören, langsam drehten. Durch das Scheuern dieser Schalen aneinander mußte, so wie bei einem feuchten Finger, der über den Rand eines Weinglases streicht, ein Ton erklingen – die Sphärenklänge.

Das Meteoreisen als Substanz, aus der der Himmel besteht, findet sich am frühesten in den ägyptischen Pyramidentexten erwähnt, in denen der Thron, die Krone und andere Gegenstände des toten Pharaos im Himmelsjenseits aus Meteoreisen gefertigt sind. Wahrscheinlich ist diese Symbolik aber schon deutlich älter, da bereits die Neandertaler solche Meteoriten gesammelt und aufbewahrt haben.

Das Extrembeispiel eines abgespaltenen Teiles der Psyche ist das Trauma. Man kann sich dies wie ein Erinnerungsbild vorstellen, in dem ein Teil der Lebenskraft des Menschen vollständig gefangen ist.

Ein Trauma entsteht dadurch, daß man etwas erlebt, was man nicht integrieren konnte – dies können Unfälle, Verletzungen, psychische und körperliche Mißhandlungen, Kriegserlebnisse, Vergewaltigungen, Operationen und vieles mehr sein.

Um es einmal an einem Beispiel zu erläutern: Ein Jäger trifft auf eine Löwen und der Löwe sieht ihn und greift ihn an. Der Jäger hat nun zwei Möglichkeiten: Angriff oder Flucht. Wenn er nun keine geeignete Waffe dabei hat und hinter ihm eine tiefe Schlucht ist, kann er weder angreifen noch fliehen – sodaß seine Seele seinen Körper als verloren aufgibt und den Körper verläßt. Bei einem solchen Nahtod-Erlebnis entsteht eine unfreiwillige Astralreise und der Jäger sieht seinen Körper unter sich stehen oder liegen.

Falls nun doch noch andere Jäger kommen und den Löwen verjagen, wird er in seinen Körper zurückkehren, den er verlassen hat, um sich das Erlebnis des Gefressenwerdens zu ersparen. Die typische Reaktion nach der Rückkehr des Astralkörpers in den eigenen Körper ist nun ein Zittern und Schütteln des ganzen Körpers, das dadurch ausgelöst wird, daß vor der Astralreise alle Lebenskraft in dem Chakra gebündelt wurde, das zunächst einmal als die geeignete Überlebensstrategie erschien. Wenn es der Angriff war, der als am sinnvollsten erschien, dann wird sich die Lebenskraft in einem der drei unteren Chakren, in der Regel im Hara, gebündelt haben. Sollte die Flucht als sinnvoller erschienen haben, wird sich die ganze Lebenskraft im Dritten Auge gebündelt haben.

Wenn der Jäger nach seiner Rückkehr in seinen Körper die Gelegenheit hat, seine Lebenskraft wieder in Fluß zu bringen, d.h. wenn er Zeit hat, sich zu schütteln, zu zittern, zu schreien, zu weinen usw., dann behält er einfach eine Erinnerung, in der aber keine Lebenskraft gefangen ist.

Wenn sich solche Erlebnisse aber wiederholen oder wenn der Jäger keine Gelegenheit zum Wiederfließenlassen seiner Lebenskraft hat, dann bleibt z.B. das Bild des angreifenden Löwen, wenn der Jäger zunächst fliehen wollte, in seinem Dritten Auge gefangen. In dem Gegenpol zum Dritten Auge, also in dem Hara wäre dann ein Lebenskraftloch. Diese Person hätte ab diesem Zeitpunkt dann ein markantes Verhalten, das sozusagen die eingefrorene „Löwen-Situation" ist: Der Jäger schaut sich ständig angstvoll um, versucht alles vorherzusehen und ist ganz außenorientiert (Lebenskraftstau im Dritten Auge) und hat aber keinerlei inneren Halt oder

Standfestigkeit (Lebenskraftloch im Hara).

Um zu einer Heilung zu gelangen, braucht dieser Jäger nun einen fähigen Schamanen bzw. ein heutiger Mensch einen fähigen Therapeuten, der zwei Dinge erreichen kann: zum einen den Jäger wieder an seine gefangene Lebenskraft heranzuführen, wodurch der Körper des Jägers zu zittern beginnen wird und der Jäger so etwas wie ein „inneres Erdbeben" erlebt, und zum andern das Herstellen eines heilen Bildes, in das die durch das Zittern wieder bewegliche Lebenskraft des Jägers fließen kann. Im Falle des Jägers wäre dieses Bild, diese Imagination oder auch dieses Erlebnis die erfolgreiche Löwenjagd.

Diese beiden Elemente machen die Essenz der Traumatherapie aus. Die Schamanen heilen ein Trauma dadurch, daß sie selber die verdrängte und gefangene Lebenskraft aufsuchen und sie zurückholen, d.h. an die Oberfläche des Bewußtseins des Jägers holen, wodurch dieser dann in einen völligen inneren Aufruhr geraten wird. Dann wird der Schamane die Ahnen, die bei dem betreffenden Thema, hier also der Löwenjagd, erfolgreich waren, bitten, mit dem Jäger auf eine innere, erfolgreiche Löwenjagd zu gehen, durch die die gefangene Lebenskraft des Jägers in das heile Bild fließen kann, in dem sie sich dann frei bewegen kann.

Das Zittern des Körpers kann man sich leicht erklären: Zunächst ist die Lebenskraft vollkommen gefangen, d.h. der Körper und seine Muskulatur sind starr. Wenn man sich nun der gefangenen Lebenskraft annähert, beginnt der Panzer um diese Lebenskraft herum nachzugeben, zieht sich dann aber gleich wieder fest, gibt erneut nach, zieht wieder an usw., wodurch eben das Zittern entsteht. Das Zittern kann dann zur Handlung, zum Aufstampfen, zum Schreien, zur pantomimischen und nun erfolgreich bewältigten Wiederholung der Situation, die ursprünglich das Trauma ausgelöst hatte, führen.

Die älteste Beschreibung dieses Zittern findet sich in einem ca. 3.500 Jahre alten ägyptischen Märchen: Im „Brüdermärchen" wird berichtet, wie Anubis, als ihm sein Bruder Bata das verlorene Herz wieder einsetzte, am ganzen Körper zu zittern begann … Hier ist der Auslöser deutlich als der zurückgeholte und wieder integrierte Seelenteil (das Herz) zu erkennen.

Von den Germanen sind die Phänomene bei der Traumaheilung, also beim Reintegrieren eines Seelenteils am besten von den Berserkern bekannt, die auch beim Erzeugen ihrer Kampfeswut zu zittern und zu schreien beginnen.

Man kann davon ausgehen, daß die Berserker dabei nicht einen abgespaltenen Teil ihrer Seele, sondern ihren inneren Bären erwecken und integrieren. Das Bild des Bären wird dabei sicherlich auch mit dem Bild der Feinde verbunden sein, die der Bär dann vernichten will, um sich und seine Sippe zu schützen. Dieser Verteidigungsinstinkt dürfte, wenn er auf so direkte und heftige Weise wachgerufen wird, für den Zustand der Berserker eine ausreichende Ursache sein. Durch diese Technik bündeln die Berserker ihre gesamte Lebenskraft auf ein einziges Ziel hin – was der Situation des hilflosen Jägers vor dem Löwen entspricht, nur das der Berserker sich nicht hilflos fühlt, sondern sich vollständig auf den Kampf hin ausrichtet.

Eine ganz ähnliche Technik wendet auch der Karate-Kämpfer an, der sich vor seinem Schlag vollkommen auf den Erfolg seines Schlages konzentriert – und der Ast daher in gewisser Weise schon zerbrochen ist, bevor der Karateka zugeschlagen hat.

Das von den Berserkern berichtete Anschwellen des Kopfes bzw. des Halses läßt sich auch heute noch bei Personen beobachten, die Ekstasemethoden anwenden wie z.B. bei dem Heiler Bruno Göring, der nach dem Zweiten Weltkrieg in Deutschland viele Menschen geheilt hat, darunter auch schwere Gebrechen wie Blindheit oder Querschnittslähmung. Das Halschakra scheint also eine wichtige Funktion bei der absichtlichen und vollständigen Ausrichtung der eigenen Lebenskraft für einen bestimmten Zweck zu haben – unabhängig davon, ob dies nun der Kampf oder das Heilen ist.

Aus Traumata entstehen oft sekundäre Vermeidungshaltungen oder Zwangshandlungen, die alles fernhalten, was in irgendeiner Weise mit dem Trauma zusammenhängen könnte. Durch solche Sekundärbildungen kann schließlich das gesamte Verhalten eines Menschen erstarren.

Ein Schamane ist also nicht nur ein Familienaufstellungsleiter, sondern auch ein Traumatherapeut. Dabei ergänzt sich beides, da der Schamane die Ahnen und die Muttergöttin dafür braucht, um das heile, erfolgreiche Bild zu rufen und in der Psyche des Kranken zu manifestieren, durch das die gefangene Lebenskraft wieder in heile Bahnen fließen und dort dann wieder frei schwingen kann.

Ein Schamane in einer Religion, die schon eine Differenzierung in verschiedene Götter kennt, hat dabei natürlich eine größere Auswahl an Helfern – je nach der Art des Traumas kann er verschiedene Götter rufen, die eben die betreffende erfolgreich bewältigte Situation darstellen.

Es gibt im Schamanimus drei wesentliche Reisen:

> Die erste findet bei der Bestattung statt, bei der der Schamane in das Jenseits reist und dort die Seele des Verstorbenen aufsucht und sie dann zurück ins Diesseits holt und sie bittet, ihren Schädel, ihre Mumie, ihre Statue, ihr Grab oder eine andere Art von Schrein als ihren Wohnplatz zu nehmen, damit sie weiterhin bei ihren Nachkommen ist.

> Die zweite Art von Reise unternimmt der Schamane bei konkreten Fragen, um die Ahnen um Rat und Hilfe zu fragen. Dies entspricht der Familienaufstellung.

> Die dritte Art von Reise ist schließlich die Heilung, bei der der Schamane einen abgespaltenen und daher „verlorenen" Teil der Seele eines Kranken aus dem Jenseits zurückholt und dem Kranken hilft, diesen Teil wieder zu

integrieren. Dies entspricht der Traumatherapie.

IX 1. c) Alben und Hellsehen

Die Lebenskraft ist ein allgemeines Konzept aller einfachen, alten Religionen. Man kann diese Lebenskraft in verschiedenen Formen in den alten Mythen wiederfinden: als Lichterscheinungen vor allem um den Kopf der Menschen, als die milchigweiß leuchtenden „Bettlaken-Gespenster", als die weißleuchtenden Tiermütter, in der Kraftübertragung beim Segnen und Heilen und in vielem mehr.

Die Vorstellung von einem weißleuchtenden Schemen, als das man hellsichtig den Lebenskraftkörper von Verstorbenen oder von Astralreisenden wahrnehmen kann, hat zu der Vorstellung von Alben geführt, deren Name wörtlich „weiß-leuchtend" bedeutet.

Um die Lebenskraft wahrnehmen zu lernen, kann man einmal im Dämmerlicht den Kopf eines anderen Menschen entspannt und „unscharf", d.h. wie durch ihn durchblickend, anschauen. In Bezug auf die Übertagung von Lebenskraft ist heutzutage vor allem das Reiki gut bekannt.

Um zu erleben, daß die Lebenskraft ganz real ist, eignet sich ein Telekinese-Versuch am besten. Dieser Versuch sieht wie folgt aus:

> Nehmen sie ein kleines Stückchen Pappe als Fundament und stecken Sie eine Nadel hindurch, sodaß die Spitze nach oben ragt.
>
> Schneiden Sie ein quadratisches Stückchen Papier mit einer Seitenlänge von 5-6cm Länge aus einer Papierart mit harter Oberfläche aus – die harte Oberfläche erkennen sie daran, daß auf der Packung „oberflächengeleimt" steht oder daran, daß das Papier glänzt; manchmal ist auch die eine Seite eines Papier glänzend und die andere matt. Die glatte, harte, glänzende Oberfläche des Papiers verringert noch weiter die ohnehin schon geringe Reibung.
>
> Falten Sie nun so viermal das Papier und streichen Sie es danach jeweils wieder glatt, daß sie vier Falten erhalten – zwei Diagonalen und die beiden dazwischenliegenden „Seitenmittenverbindenden". Es ergibt sich also ein achtstrahliger Stern. Falten Sie dabei für die Diagonalen das Papier nach unten und für die „Seitenmittenverbindenden" das Papier nach oben. Nun können Sie das Papier durch ein wenig Knicken zu einem flachen Stern falten, der an den Diagonalen einen Grat nach oben hat und an den „Seitenmittenverbindenden" ein Tal nach unten hat.
>
> Legen sie nun das Papier mit seiner Mitte auf die Nadelspitze und prüfen Sie durch leichtes Anstoßen, ob es stockt oder ob es sich mühelos dreht.
>
> Halten Sie dann die Hand neben den Kreisel und warten Sie eine Weile und

schauen Sie, was geschieht …

Sie können sich diesen Versuch auch im Internet unter „youtube Telekinese" anschauen und sich von ihm inspirieren lassen.

Odin ist nicht nur der Schamane, sondern auch der Magier unter den germanischen Göttern. Die Fähigkeiten des Magiers ergeben sich aus den Fähigkeiten des Schamanen: Wenn man in der Lage ist, Kontakt mit dem eigenen Inneren aufzunehmen und beginnt, sich in der eigenen inneren Bilderwelt zuhause zu fühlen, dann wird man nach und nach auch lernen, im Bereich der Lebenskraft allgemein wahrnehmungs- und handlungsfähig zu werden – was eben das ist, was einen Magier ausmacht.

Der Schamane ist der Urahn des Magiers – sowohl historisch gesehen als auch aktuell in Bezug auf die jeweiligen Fähigkeiten. Das Wesentliche an einem Schamanen ist, daß er entweder mithilfe der Astralreise oder mithilfe der Traumreise sich selber und die Dinge allgemein von innen her, d.h. von der Bewußtseinsseite her betrachten und berühren kann. Solche inneren Reisen führen am einfachsten dazu, daß man Telepathie, Telekinese und ähnliches erlernt.

IX 1. d)   Jenseits und Psyche

Das Diesseits und das Jenseits sind die grundlegende Welteinteilung aller Religionen. Im Jenseits befinden sich nicht nur die Ahnen, sondern auch die Götter, die aus „vergrößerten" und „allgemeingültigen" Ahnen entstanden sind.

Die Vorstellung eines Jenseits ist schrittweise entstanden und es lohnt sich, diese Entstehung einmal genauer zu betrachten. Das erste Erlebnis, das zeigte, daß es mehr als Holz, Erde, Feuer, Wind, Wasser, den eigenen Körper u.ä. gibt, war vermutlich die Wahrnehmung der Lebenskraft als milchigweißes Leuchten. Man kann davon ausgehen, daß auch schon die Menschen in der Altsteinzeit dieses Leuchten ab und zu gesehen haben werden.

Das nächste wird dann die Astralreise gewesen sein, durch die man erlebte, daß auch das Bewußtsein selber unabhängig von dem materiellen Leib existieren konnte. Dies war der Beginn der Jenseitsvorstellungen. Wenn es die eigene Seele gibt, die unabhängig von dem eigenen Leib existieren kann, dann muß dies auch für alle anderen Menschen und auch für die Tiere zutreffen – wodurch auf einmal eine ganze „unsichtbare Welt" bewußt wird, die man im Normalzustand nicht sehen kann.

Es gibt in jedem Menschen ein Innen, ein Bewußtsein, das auch eine unabhängige Realität hat, wie die Astralreise zeigt. Dieses Innen existiert auch in allen anderen Lebewesen und Dingen. Weil dieses Innen aber eigenständig ist und nicht nur ein psychischer Aspekt des Körpers (wie die Astralreise eindrücklich zeigt), ist auch ein Kontakt zwischen dem Innen der verschiedenen Lebewesen möglich (Telepathie) und auch zwischen einem Lebewesen und einem Ding (Telekinese).

Da diese Welt das eigene Innere, also das Bewußtsein ist, das sich im normalen Bewußtseinszustand im Körper befindet und auf ihn begrenzt ist, ist der Weg nach innen und die Astralreise letztlich ein Wahrnehmen desselben Bereiches. Es besteht kein Unterschied zwischen Bewußtsein, Innen und Jenseits. Allerdings ist das Innen und das Bewußtsein deutlich realer, „substanzieller" und unabhängiger als man dies heute normalerweise annimmt (wie die Astralreise zeigt).

Die Beobachtung der Mondphasen und ihrer Wirkungen in der Altsteinzeit hat dann zusätzlich deutlich gemacht, daß es in der Welt auch große, „unsichtbare" Bewegungen und zyklische Qualitäten gibt, die sich zunächst einmal nur statistisch feststellen lassen und die daher auch in der „unsichtbaren Welt" begründet liegen müssen.

Durch die vielen Astralreisen und Traumreisen der Schamanen lernten sie nach und nach die vielfältige innere Welt der Psyche, den Bereich der Seelen der Verstorbenen und auch die Tiergeister und die Tiermütter kennen. Die innere Welt wurde immer vielfältiger und bot immer mehr Handlungsmöglichkeiten.

Daraus entstand dann durch die bildhafte Beschreibungen der Schamanen, wenn sie ihren Stammesgenossen ihre Erlebnisse schildern wollten (Rationalisierungen kann man dies ja eigentlich noch nicht nennen), die Vorstellung einer jenseitigen Welt, die in den tiefen Wassern lag, wo man den Aufenthalt der Totenseelen vermutete, da man sie ja in der normal zugänglichen Welt nirgends antraf.

Das Jenseits ist die Welt jenseits des Jenseitsflusses. Dieser Fluß ist identisch mit der Schwelle zwischen Wachbewußtsein und dem Unterbewußtsein, also der inneren Bilderwelt, in der man auch die Ahnen und die Tiergeister finden kann.

Wie die Astralreise und Telepathieerlebnisse deutlich zeigen, sind diese Bilder zwar innen, weil man sie von seinem Bewußtsein her direkt erfassen kann, aber sie sind nicht privat und isoliert, da auch andere diese Bilder telepathisch wahrnehmen können und man selber auch von dem Zustand der Innenschau aus zum Beispiel die Tiergeister wahrnehmen kann.

IX 1. e) Jenseitsreise und Astralreise

Aus den Betrachtungen des vorigen Abschnittes ergibt sich, daß die Jenseitsreise und die Astralreise und auch die Meditation letztlich dasselbe Erlebnis sind: die sehr lebendige und direkte Wahrnehmung der inneren Welt. Die Astralreise ist allerdings dadurch, daß bei ihr das Bewußtsein nicht nur „von innen her nach außen hin" wahrnimmt, sondern auch zu handeln, d.h. sich zu bewegen beginnt und den Körper verläßt, noch einmal deutlich eindrücklicher als die Meditation.

Da die Astralreise die Grundlage des gesamten Schamanismus ist, folgen hier nun etwas ausführlicher verschiedenen Methoden, durch die man das Astralreisen erlernen kann. Da es hierbei vor allem um die Schilderung von Erlebnissen und der dabei ablaufenden Ereignisse handelt, fällt dieser Abschnitt etwas persönlicher aus als der Rest des Buches.

Das Erlebnis der Astralreise ist sehr eindrucksvoll, aber man sollte sich die klassische Methode der Astralreise durch ein Nahtod-Erlebnisses lieber nicht wünschen, da man dabei eben sehr nah am Tod ist …

Eine einfache Methode, eine Astralreise zu beginnen, besteht darin, während des Träumens und am besten gleich in einem Flugtraum zu erwachen und trotzdem weiterzuträumen – also eine Traumreise nicht vom Wachzustand her, sondern vom Traumzustand her zu beginnen. Die klassische Anleitung für diese Methode der Astralreise ist es, sich des abends fest vorzunehmen, im Traum die eigenen Hände anzusehen – und dadurch dann im Traum wachbewußt zu werden.

Etwas rustikaler ist die Methode, abends ein Glas Wasser in seine Küche zustellen, vor dem Schlafengehen einen viertel Teelöffel Salz zu schlucken und sich fest vorzunehmen, während des Schlafes eine Astralreise zu dem Glas Wasser zu unternehmen und dort dann in seinem Astralkörper wachbewußt zu werden. Abgesehen von den kulinarischen Nachteilen dieser Methode kann es auch passieren, daß man nicht in seinem Astralkörper vor dem Glas Wasser erwacht, sondern daß man sich als Schlafwandler in die Küche begibt und dort dann in seinem materiellen Körper erwacht.

Die Astralreise ist nicht Exotisches – jede Nacht löst sich der Astralkörper, also der Lebenskraftkörper ein wenig von dem materiellen Körper und schwebt ein paar Handbreit über ihm. Kennen Sie das Erlebnis, eine Treppe hinunterzugehen, dabei nicht auf die Stufen zu achten und am Ende plötzlich auf den Fußboden zu treten, obwohl Sie annahmen, daß dort noch eine Stufe folgt? Dabei kann man das merkwürdige Erlebnis haben, daß der eigene Fuß für einen Augenblick im Fußboden zu versinken scheint und dann wieder hochschnellt – die eigene Annahme, daß noch eine Stufe folgt, hat Ihren Lebenskraft-Fuß sich unter den Fußboden hinab bewegen lassen …

Waren Sie schon einmal ohnmächtig? Das kann auch eine recht seltsame Erfahrung sein. Mir ist es einmal als Jugendlicher beim Arzt nach mehreren Blutabnahmen passiert. Auf einmal begann alles zu wirbeln und diffus zu werden (ich wurde steif und fiel um, wie man mir nachher sagte) und ich hörte den Arzt und die Arzthelferin sprechen und sah auch schattenhaft das eine oder andere, aber alles war irgendwie neblig und dämmerig und ich war ziemlich desorientiert. Schließlich erwachte ich wieder.

Bei der Ohnmacht verläßt der Astralkörper aufgrund äußerer Umstände plötzlich den Körper, wobei man mehr oder weniger bewußt bleiben kann und die Szenerie mehr oder weniger deutlich wahrnehmen kann. Die Wahrnehmung während einer Ohnmacht ist dieselbe wie zu Beginn einer Traumreise oder am Anfang der direkten Wahrnehmung der Lebenskraft. Dies liegt einfach daran, daß man sich mit seinem Bewußtsein während einer Ohnmacht mit seinem Lebenskraftkörper außerhalb seines materiellen Körpers befindet – daher auch die Steifheit des Körpers, dem während der Ohnmacht die Lebenskraft für seine Elastizität fehlt.

Bei Unfällen und Gefahrensituationen kann derselbe Effekt auftreten: man befindet sich plötzlich oberhalb von sich selber und schaut auf die Szenerie hinab. Wenn die Gefahr dann vorbei ist, findet man sich dann plötzlich in seinem Körper wieder.

Ohnmachten sind „kleine" Nahtoderlebnisse, bei denen man sich nicht allzuweit von seinem materiellen Körper entfernt.

Typische Situationen für Astralreisen sind auch Operationen. Meine erste bewußte Astralreise hatte ich mit fünf Jahren, als ich die Mandeln und Polypen herausoperiert bekommen habe und die ganze Operation von oben her verfolgt habe. Betäubungen sind künstliche Ohnmachten, und Ohnmachten sind unfreiwillige Astralreisen.

Solche OP-Astralreisen traten vor allem früher häufig auf, als man noch mit Chloroform betäubte.

Eine einfache Übung für das Astralreisen besteht darin, mithilfe einer Traumreise an einen anderen Ort zu reisen, sich ihn genau anzusehen und anschließend mit seinem materiellen Körper dorthin zu gehen und die eigenen Wahrnehmungen zu überprüfen. Auf diese Weise kann die Telepathie während der Traumreise allmählich in eine Astralreise übergehen. Bei der Telepathie sendet man sozusagen nur einen Fühler des eigenen Lebenskraftkörpers aus, während man sich bei der Astralreise mit dem ganzen Astralkörper auf den Weg macht.

Dies ist allerdings eine Methode, die unter Umständen viel Geduld erfordert.

Auch die Buchstabenübung eignen sich gut für Astralreisen. Dabei singt man innerlich zunächst eine Weile lang ein „A" und stellt sich das „A" möglichst lebhaft in seinen beiden Fußsohlen vor. Dann das „E", das „I", das „O", das „U" und dann die Vokale wieder von vorne. Zunächst werden die Füße und nach und nach auch der übrige Körper schwer werden, dann warm und schließlich wird er zu vibrieren beginnen. Nach einer Weile wird dann das Vibrieren stärker werden und es kann sich anfühlen wie auf einem Boot bei starkem Seegang – der Astralkörper beginnt hin und her zu schwanken.

Wie man sieht, befindet sich die Wahrnehmung im Lebenskraftkörper und nicht im materiellen Körper, obwohl der Lebenskraftkörper die materiellen Sinnesorgane für die Wahrnehmung durchaus braucht – aber das Bewußtsein befindet sich im Lebenskraftkörper, denn sonst könnte man nicht die Bewegungen des Lebenskraftkörpers spüren, obwohl sich der materielle Körper gleichzeitig in völliger Ruhe befindet.

Schließlich werden Sie vermutlich die Erfahrung machen, daß sich Ihr Arm oder ihr Bein seltsam zuckend bewegt und z.T. Bewegungen durchführt, die anatomisch vollkommen unmöglich sind wie z.B. eine Bewegung nach links von ihrem rechten Arm durch ihren Körper hindurch – Ihr Lebenskraftarm oder Ihr Lebenskraftbein macht sich selbständig. Nun ist es nur noch eine Frage der Zeit, bis sich Ihr gesamter Astralkörper aus ihrem materiellen Körper loslöst und Sie an jeden beliebigen Ort schweben können.

Je nach dem, wie Sie veranlagt sind, also ob Ihr Astralkörper z.B. aufgrund mehrerer Mondquadrate und Mondoppositionen in Ihrem Horoskop recht locker sitzt, kann es auch sein, daß Sie schon durch einfache Konzentrationsübungen eine Astralreise verursachen können. Schauen Sie einfach mal längere Zeit in eine Kristallkugel oder auf einen Lichtreflex und lassen Sie sich ganz in diese Wahr-nehmung hineinfallen. Bei manchen Menschen reicht das schon aus, um mit dem Astralkörper auszutreten …

Eine recht trickreiche und sehr „magische" Methode ist die Spiegelmagie. Setzen Sie sich vor einen großen Spiegel, den Sie vorher möglicherweise mithilfe von Reiki oder einer anderen Methode mit Lebenskraft aufgeladen oder in den sie mit-hilfe der Fa-Rune die Lebenskraft des Mondes gelenkt haben.

Betrachten Sie nun Ihr Spiegelbild und stellen Sie sich vor, daß Ihr Bewußtsein in das Spiegelbild hinüberwechselt. Es ist unter Umständen nicht leicht zu entscheiden, ob Sie sich in ihrem Körper oder in Ihrem Spiegelbild befinden. Wenn Sie dann in einem solchen Zweifelsfall Ihren rechten Arm erheben und Ihr Spiegelbild nicht mehr mitmacht, haben Sie's geschafft …

Im Allgemeinen ist die Entspannung und Erstarrung des materiellen Körpers notwendig, um eine Astralreise zu beginnen, aber dies ist nicht immer so. Ich kenne z.B. einige Kinder, die erzählen, daß sie beim Spielen manchmal „ausgehen" und sich oben auf den Schrank setzen und sich beim Spielen zugucken. Eine gute Freundin von mir hat das nie verlernt und kann das auch heute als Erwachsene noch. Mein Sohn, der jetzt 15 Jahre alt ist, hat mir auch vor kurzem erzählt, daß er während des Laufens durch die Stadt (wobei er eine Feuermeditation ausprobiert hat) plötzlich seine erste Astralreise hatte und sich beim Laufen von oben her zugesehen hat.

Die nordindischen Yogis aus dem 10. und 11. Jahrhundert nach Christus und die tibetischen Lamas sind auch hier mal wieder führend in der Erforschung der Möglichkeiten, die die Astralreise bietet und haben eine „Phowa" genannte Methode entwickelt.

Bei dieser „Auferstehung durch Bewußtseinsübertragung", wie die technische Bezeichnung dieser Methode in Nordindien und in Tibet lautet, tritt ein Yogi oder Lama, dessen sicherer Tod aufgrund einer schweren Krankheit oder eines eben erlittenen Unfalls kurz bevorsteht, mit seinem Astralkörper aus seinem todgeweihten Körper aus und begibt sich entweder in die Leiche eines eben verstorbenen Menschen oder vorübergehend, bis der Yogi einen passenden Leichnam findet, in den Körper eines Tieres. Wenn der Leichnam noch intakt ist, kann der Yogi oder Lama diesen Körper heilen und dann für ein weiteres Leben benutzen.

Dies ist dann sozusagen eine „gutartige Besessenheit", bei der niemandem geschadet wird. Dieses Phowa wird in Tibet allerdings nur noch selten ausgeübt, da es in der tibetischen Übertragungslinie dieses Yogas einen Bruch gab und die Anleitungen daher vor allem in Nordindien erhalten blieben.

Es gibt auch die verschiedensten spontanen Astralreisen, die nicht durch Unfälle und Krankheiten und auch nicht durch gezieltes Üben verursacht wurden. So habe ich z.B. meine zweite bewußte Astralreise erlebt, als ich das erste Mal eine Nacht mit einer Frau verbracht habe. Eigentlich hat in dieser „ersten Nacht" nichts funktioniert, aber ich war danach einerseits völlig erschöpft und andererseits vollkommen aufgedreht – was dazu geführt hat, daß ich einerseits eingeschlafen bin und anderseits wach geblieben bin, also sozusagen „bei vollem Bewußtsein eingeschlafen bin" und mit meinem Astralkörper über meinen Körper emporgeschwebt bin.

Nun, „bei vollem Bewußtsein" ist ein bißchen übertrieben – ich war wach und bewußt und habe mich gewundert, warum die Zimmerdecke so nah vor meiner Nasenspitze war und warum rings um mich so eine komische „leuchtende Dämmerung" herrschte und habe dann erst nach und nach begriffen, daß ich mich nicht mehr in meinem Körper befinde.

Im Laufe der Jahrtausende sind viele Hilfsmittel für das Astralreisen entdeckt worden. Die bekannteste mitteleuropäische Methode ist sicher die Verwendung von Hexensalben. Diese Salben bestanden aus Talg, in das Auszüge aus Bilsenkraut, Fliegenpilz, Stechapfel, Schwarzem Nachtschatten, Tollkirschen und anderen Pflanzen, die Alkaloide enthalten, gemischt wurden. Diese Salbe hatte den Effekt, daß der Körper in eine Starre verfiel, die der Tiefentspannung und dem Schlaf entspricht, weshalb sich in diesem Zustand auch wie im Schlaf der Lebenskraftkörper von dem materiellen Körper löste. Bei dieser künstlichen Loslösung blieb man aber bei vollem Bewußtsein.

Die Zubereitung dieser Salben, die man sich unter die Achseln und ins Schamhaar einmassierte, ist allerdings eine heikle Angelegenheit, da sie keine Wirkung hat, wenn sie zu schwach dosiert wurde, und da sie tödlich ist, wenn sie zu stark dosiert wurde. Diese Salben verursachten sozusagen eine künstliche Ohnmacht oder Betäubung, bei der man aber im Gegensatz zu den meisten heutigen Betäubungsmitteln wachbewußt bleibt. Bei dem früher oft verwendeten Chloroform blieben die Patienten des öfteren in ihrer Betäubung wachbewußt, d.h. sie unternahmen eine unfreiwillige Astralreise und konnten sich bei ihrer eigenen Operation zusehen – was dann allerdings bisweilen ein Trauma ausgelöst hat (diese Form der Astralreise und ihre unangenehmen Folgen kann ich aus eigener Erfahrung bestätigen).

Die Verwendung der Hexensalben und die damit verbundenen Erlebnisse haben unter anderem auch zu der Entstehung der Berichte von auf Besen fliegenden Hexen und den Treffen mit dem Teufel auf dem Blocksberg geführt. Der (imaginäre) Besen gibt der Hexe bei ihrem Flugerlebnis eine gewisse Sicherheit – im Orient verwendet man in solchen Situationen üblicherweise einen (imaginären) Gebetsteppich.

In Mittelamerika haben die Kollegen unserer heimischen Hexen verschiedene Kakteen wie Peyote oder Mescalin und einige Pilze wie Psylocebin gefunden, die für das Astralreisen förderlich sind. Es gibt in fast jeder Kultur eine solche Tradition der „Flug-Pflanzen" – siehe unseren Fliegenpilz, dervermutlich nach seinem Nutzen beim Fliegen und nicht etwa nach den kleinen, schwarzen Insekten benannt worden ist.

Die Mayas haben vor jeder Astralreise und auch vor jeder anderen magischen Handlung ein Tabakblatt zusammengerollt und den Rauch inhaliert, weil das Nikotin ebenfalls den Lebenskraftkörper lockert und dadurch die Wahrnehmung und die Handlung im Bereich der Lebenskraft erleichtert. Als zweites haben die Mayas dann stets die Schlangenkraft gerufen, da sie erkannt hatten, daß ohne das durch diese Schlange verursachte Fließen der Lebenskraft die Magie nicht sehr wirkungsvoll ist.

Diese Schlange ist offensichtlich mit der indischen Kundalini identisch. Derselbe Zusammenhang findet sich ja auch bei den Buchstabenübungen, die sowohl das Aufsteigen der Kundalini als auch die Astralreise verursachen können.

Diese Schlange ist in Mittelamerika vor allem als Quetzalcoatl bekannt, was wörtlich „Federschlange" bedeutet. Diese Federschlange ist symbolisch mit dem Caduceus des griechischen Gottes Hermes identisch, also mit dem Stab, an dem sich zwei Schlangen zu einer Flügelsonne emporwinden. Diese Schlange ist durch die Federn bzw. Flügel als die „aufgestiegene Kundalinischlange" gekennzeichnet, also als die Lebenskraft, die wieder in voller Intensität durch den Körper strömt. Dabei fällt auf, daß der Gott Hermes Flügel an seinen Sandalen trug und fliegen konnte …

Odins Raben sind das Symbol dafür, daß auch Odin die Astralreise beherrscht, da die Seelenvogelsymbolik eben auf dem Erlebnis des Fliegens bzw. Schwebens bei der Astralreise beruht.

IX 1. f) Seherin und Traumreise

Die Seherinnen der Germanen waren anscheinend in der Lage, die Zukunft vorherzusehen und auch weit entfernte Dinge wahrzunehmen. Dazu eignet sich z.B. die Astralreise, durch die man sich „unsichtbar" auch Ereignisse und Zustände an weit entfernten Orten ansehen kann.

Aber auch die Traumreise ist dafür geeignet, bei der man sein Wachbewußtsein und sein Traumbewußtsein (Unterbewußtsein, innere Bilderwelt) miteinander in Einklang bringt. Diesen Zustand kennt eigentlich jeder: Wenn man morgens erwacht, geschieht es bisweilen, daß man noch ein paar Sekunden weiterträumt, während man sich schon bewußt ist, daß man träumt. Oder man sitzt in der Straßenbahn und wird sich dessen ganz plötzlich wieder bewußt, obwohl man gerade in einem Tagtraum noch ganz deutlich den Sand des Nordseestrandes unter den eigenen Füßen gespürt und die Möwen schreien gehört hat.

Solche bewußten Träume oder Tagträume kann man mit ein wenig Übung zu einem Bewußtseinszustand machen, in den man jederzeit eintreten kann. Da dieser Zustand eng mit der Telepathie verbunden ist, die sozusagen die Wahrnehmungsweise der Lebenskraft ist, die man in diesen inneren Bildern direkt wahrnimmt, kann man durch Traumreisen auch ohne allzugroße Mühe Informationen über Dinge außerhalb des normalen eigenen Wahrnehmungsradius erlangen.

Odins Raben, die er aussendet, um für ihn Dinge auszuspähen, entsprechen vom Bild her diesen Traumreisen, bei denen Odin auf seinem Thron sitzt, aber (durch Astralreisen oder Traumreisen) trotzdem sehen kann, was in der Welt vorgeht.

IX 1. g) Krafttier und Instinkte

Das Krafttier ist die Personifizierung der eigenen Instinkte – wenn man es einmal stark vereinfacht ausdrücken möchte. Oder etwas genauer: Das eigene Krafttier ist die Resonanz im Tierreich zu der Absicht der eigenen Seele für ihre derzeitige Inkarnation.

Die Seele will etwas Bestimmtes, denn sonst hätte sie sich nicht inkarniert. Diese Absicht ruft nun in der Welt im Bereich der Lebenskraft eine Resonanz bei allen Dingen hervor, die einen ähnlichen Charakter wie diese Absicht haben. Aufgrund dieser Ähnlichkeit lagern sie sich, wie es in dem Bereich der Lebenskraft allgemein üblich ist, aneinander. Dieses Prinzip ist ja auch als die Logik der Träume bekannt, die sich durch Assoziationen strukturieren.

Daher lagern sich drei Dinge an die Seele eines Menschen an:

Das Tier, dessen Charakter der beabsichtigten Dynamik der eigenen Seele am ähnlichsten ist, wird zu einem Begleiter der betreffenden Person während ihres ganzen Lebens und wird als Krafttier erlebt, das bei allen Fragen, die sich auf Taten beziehen, hilfreich ist.

Die Pflanze, deren Charakter der beabsichtigten Haltung der eigenen Seele am ähnlichsten ist, wird daher ebenfalls zu einem Begleiter der betreffenden Person während ihres ganzen Lebens und wird als Kraftpflanze erlebt, die bei allen Haltungsfragen hilfreich ist.

Und das Mineral, dessen Charakter der beabsichtigten Struktur der eigenen Seele am ähnlichsten ist, wird daher zu einem Begleiter der betreffenden Person während ihres ganzen Lebens und wird als Kraftstein erlebt, der bei allen Strukturfragen hilfreich ist.

Das eigene Krafttier spiegelt die eigene heile Dynamik wider, die Kraftpflanze die eigene heile Haltung und der Kraftstein die eigene heile Struktur.

In der Götter-Edda findet sich das Konzept des Krafttieres vor allem in den Verwandlungen in verschiedene Tiere wieder, die von einigen Göttern, Zwergen und Riesen, vor allem aber von Loki berichtet werden.

Die Bären des Odin und der Berserker sind allerdings etwa anderes als ein Krafttier. Es wird sozusagen „von Amts wegen" verliehen. Es ist das innere Bild dafür, daß ein Mensch in der Lage ist, mit den Seelen bewußt Kontakt aufzunehmen und daher auch den Segen der Ahnen weitergeben kann und durch ihre Hilfe magische Phänomene hervorzurufen vermag.

IX 1. h) Runen und Symbole

Die Runen, die in der Edda als die magischen Symbole der Asen und insbesondere des Odin erscheinen, sind ein System, in dem verschiedenen Absichten Gestalt angenommen haben.

Dies hat den Vorteil, daß z.B. viele Personen, die auf magische Weise einen Streit schlichten wollen, die Not-Rune benutzen und diese Rune dadurch im Laufe der Zeit gewissermaßen selbständig wird und eine Eigendynamik erhält, sodaß sie wie ein Geist zu Hilfe gerufen werden kann und man dann bei einer Streitschlichtung nicht nur mit der eigenen Kraft handeln muß, sondern die in dieser Rune durch den Willen aller Magier und Magierinnen, die diese Rune je benutzt haben, gebündelte Lebenskraft für das eigene Vorhaben nutzen kann.

Im Christentum entspricht dem Futhark die Liste der Heiligen, in der man nachschlagen kann, welcher Heilige oder welche Heilige für das eigene Vorhaben besonders geeignet ist. Zum Erlernen der Hellsichtigkeit und der Telepathie würde ein überzeugter Christ vermutlich nicht Odin um Hilfe bitten, sondern die Heilige Klara, die Freundin von Sankt Franziskus, die die Schutzpatronin des „Fernsehens" ist – der Begriff „fernsehen" stammt hier aus einer Zeit vor der Erfindung des TV und bedeutet eben ganz wörtlich (innerlich) das zu sehen, was in weiter Ferne ist. Als Rune würde sich dafür am ehesten die Man-Rune eignen, da sie „Odin die Sinne klärt" und stark auf das Dritte Auge wirkt.

IX 1. i)   Die Muttergöttin und die eigene Mutter

Die Muttergöttin ist das Urbild der Mutter. Daher kann man Traumreisen zu der Muttergöttin oder zu der eigenen inneren, heilen Mutter unternehmen, um die Erlebnisse mit der eigenen Mutter zu heilen. Dies ist eine der wichtigsten Unternehmungen bei der eigenen Heilung.

Eine gute Unterstützung dabei sind Schwitzhütten, die eine der ältesten Zeremonien der Menschen sind und bei denen man im „Bauch von Mutter Erde" sitzt und nach und nach sein Urvertrauen und die grundlegende Geborgenheit wiederfinden kann.

IX 1. j)   Seele und Selbst

Die Seele ist die eigene Mitte. Der Begriff wird nicht ganz einheitlich verwendet – er bedeutet manchmal Psyche im Sinne der Gesamtheit der Erfahrungen in diesem Leben, und manchmal Selbst im Sinne von dem Kern, aus dem die Psyche entsteht, und im Sinne von dem Roten Faden, an dem die Perlen der einzelnen Inkarnationen aufgefädelt sind.

Der Kontakt mit dieser Mitte ist das wesentliche Ziel der Jenseitsreise und diese Begegnung ist das, was das eigene Leben nach und nach heilen wird, da die bewußte Mitte zu einer immer strahlenden inneren Sonne werden kann, durch die man dann nicht mehr außenorientiert nach etwas sucht, um ein vermeintliches inneres Loch zu füllen, sondern durch die man die innere Fülle und Kreativität erlebt, durch die man jede Situation einfach als eine willkommene Möglichkeit ansieht, sich und der Welt zu zeigen, wer man ist.

Auf der Jenseitsreise begegnet man den Seelen zwischen zwei Inkarnationen, also den Seelen ohne ohne ihren materiellen Körper und ohne ihr „psychisches Kleid" – zumindest, wenn die letzte Inkarnation schon eine Weile zurückliegt. Genau diese

Wahrnehmung der eigenen Seele ohne ihr „psychisches Kleid" ist das, was die heilsame Vision ist.

Aufgrund der Wichtigkeit dieser Erfahrung folgen nun auch hier wie bei der Beschreibung der Astralreise etwas ausführlichere und auch wieder etwas persönlichere Anleitungen.

Es gibt eine einfache Meditation dazu, die jeder für sich selber durchführen kann. Sie stammt in dieser Form von dem „Golden Dawn"-Magierorden, der von ca. 1875 bis 1925 existierte und die bis dahin bekannten magischen und spirituellen Traditionen erprobt, zusammengefaßt und weiterentwickelt hat.

> Diese Meditation besteht darin, daß man sich vorstellt, durch eine Wüste zu gehen und schließlich eine mittelalterlich wirkende Stadt zu erreichen. Dort wird man durch ein Stadttor eingelassen und sieht, daß es im Inneren viele Kanäle, Teiche und Bäume an den Straßen gibt. Nun geht man zur Mitte der Stadt und trifft nach einer Weile immer häufiger andere Menschen, die einen erst nicht zu bemerken scheinen, aber mit der Zeit einen selber dann doch wahrzunehmen beginnen und bisweilen auch grüßen. Schließlich erreicht man in der Mitte der Stadt einen weißen, kreisrunden Tempel mit einem goldenen, in der Mitte zum Himmel hin offenen Kuppeldach. Dort tritt man ein, schaut sich um, und geht dann zum Zentrum des Tempels und „entflammt sich im Gebet an die eigene Seele".

> Dieses „sich im Gebet entflammen" mag etwas altmodisch oder auch etwas fremd klingen, aber wenn man in seiner Traumreise in dem Herzchakra-Tempel steht und zu der eigenen Seele, die man möglicherweise noch überhaupt nicht kennt, zu sprechen beginnt, und sie darum bittet, einem zu erscheinen und einen zu erfüllen, und wenn man sich mit der Zeit jedesmal, wenn man in diesem Tempel ist, immer mehr Gefühl in seine innerlich gesprochenen Worte zu legen traut und sich der ganze Frust und die Enttäuschung über das eigene bisherige Leben und all die Ängste und Süchte und das schon erlebte Leid in Sehnsucht nach der eigenen innersten Wahrheit und nach einem Leben aus dem eignen Herzen heraus voller Freude und Glück zu verwandeln beginnen, dann wird man erleben, was mit „sich im Gebet entflammen" gemeint ist.

Eine andere Methode, seine eigene Mitte zu finden ist die „Traumreise zur eigenen Mitte". Diese Methode habe ich entdeckt, als ich danach gesucht habe, wie ich anderen Menschen dabei helfen kann, ihre eigene Mitte zu finden ohne daß sie vorher so lange wie ich nach der „Golden Dawn"-Methode meditieren müssen. Ich bin froh, daß ich damals in einem Buch meines Zauberlehrers diese „Golden Dawn"-Methode gefunden habe, aber nachdem ich den Kontakt zu meiner Seele einmal hatte, schien es mir sehr erstrebenswert, eine schnellere Methode zu entdecken, mit deren Hilfe ich diese Suche bei anderen beschleunigen konnte.

Bei dieser Methode benutzt man als Torsymbol ein Hexagramm, also einen sechs-strahligen Stern, der in seiner Mitte das Zeichen der Sonne (Kreis mit Punkt im Zentrum) hat. Dieses Symbol findet sich ebenfalls beim Golden Dawn, aber auch schon sehr viel früher in Indien.

Andere Symbole für die Mitte sind das Kien-Hexagramm aus dem I Ging, die Sephirah Tiphareth aus dem kabbalistischen Lebensbaum und der Kreis, der durch ein Kreuz in vier gleiche Viertel geteilt wird. Sie funktionieren alle, aber das Sonnen-hexagramm scheint das passendste, „rundeste" Torsymbol zu sein.

Auf dieser Traumreise sucht man den Weg zur Mitte der Vision, in die man nach dem Durchschreiten des Torsymboles gelangt ist. Man kann diese Traumreise durch-aus auch alleine versuchen, aber vermutlich ist es doch deutlich einfacher, sie mit jemandem zusammen durchzuführen, der diese spezielle Traumreise schon selber gemacht hat und Übung darin hat.

Bei allen diesen Methoden erscheint einem die eigene Seele in bildhafter Gestalt: als Person, als Engel, als Sonne, als Glut, als Licht oder als was auch immer. Dies sollte man aber nicht für die Gestalt der Seele halten, denn die Seele an sich hat keine Gestalt. Um sich zeigen zu können, benutzt die Seele jedoch die Bilder, die sich in der eigenen Psyche befinden, um sich aus ihnen ein Kleid zu weben, das die Eigen-schaften der Seele verdeutlicht.

Jeder Magier und jede Magierin, der den Kontakt zu seiner eigenen Seele bereits hergestellt hat, hat seine eigene Methode, um einem anderen zu helfen, den Kontakt zu seiner Seele herzustellen.

Am bekanntesten ist sicherlich das Fasten und Beten wie bei der indianischen Visionssuche. Diese Methode findet sich auch in der Bibel. So fastete und betete z.B. Christus nach seiner Einweihung durch Johannes den Täufer vierzig Tage lang in der Wüste. Im „Buch der Könige" im alten Testament wird dasselbe Verfahren auch von Elias berichtet. Viele Methoden der Yogis und anderer Asketen gehen ebenfalls auf diese weltweit verbreitete Methode zurück.

Ein Magier, den ich gut kenne, setzt sich hingegen einfach hin und trommelt einen gleichmäßigen Takt – und auf einmal sieht sein Zuhörer seine Seele vor sich und in der Regel auch sein eigenes Krafttier. Diese Methode hat er von der Völkerkundlerin Jo Wagner gelernt, die sie wiederum von afrikanischen Wagangas („Zauberern") gelernt hat.

Ein anderer Magier, den ich ebenfalls gut kenne, hat eine etwas rustikalere Methode: Er sperrt den Suchenden in ein Zimmer ein, setzt sich vor die Tür, und geht magisch, also nur mit seinem Astralkörper in den Raum hinein und stürzt sich mit seinem Krafttier auf den Suchenden. Da das Krafttier dieses Magiers ein Krokodil ist, gerät der Suchende arg in Bedrängnis, obwohl er von all dem nur halbbewußt etwas mitbekommt – und seine einzige Möglichkeit, sich zu retten, ist es, sich seiner eigenen Seele und seines eigenen Krafttieres bewußt zu werden. Sehr effektiv – aber, wie gesagt, ein bißchen rustikal …

Wenn man den Kontakt zu seiner eigenen Seele hergestellt hat, gibt es etwas, was sehr förderlich, aber auch recht ungewohnt ist: eine Hymne an sich selber zu schreiben. Damit ist nicht die systematisch-poetische Förderung von Größenwahn gemeint, sondern einfach ein ungehemmter Ausdruck von dem, was man selber ist.

Eine solche Hymne kann zunächst einfach mit „Ich bin …"-Sätzen beginnen wie z.B.:

> „Ich bin der Zentaur (Bild der eigenen Seele);
> Ich bin das gallopierende Pferd (Krafttier);
> Ich bin ein treuer Freund;
> Ich bin ein guter Arzt;
> Ich bin der Trommler …"

Versuchen Sie einfach, alle Eigenschaften und alle Dinge, die zu Ihnen gehören, in einfache Verse zu fassen und lassen Sie die Verse dann freier werden. Schreiben Sie diese Hymne von Zeit zu Zeit neu oder ergänzen Sie sie. Und lesen Sie sich diese Hymne einmal am Tag laut vor – Sie werden sehen, Sie werden sich schließlich für sich selber begeistern können und die Selbstliebe in Ihrem Herzchakra erwachen spüren!

In aller Regel ist man noch nicht erleuchtet, wenn man einmal bewußt den Kontakt mit seiner Seele aufgenommen hat – aber man weiß ab dann, wer man eigentlich ist. Um sich selber nun in den zu verwandeln, der man eigentlich ist, ist die Haltung eines Gärtners sinnvoll: jeden Tag einmal zur Seele gehen, freundlich gegenüber all den Macken, Ängsten und Süchten in der eigenen Psyche sein, ihnen die eigene Seele zeigen, das Licht der Seele nach und nach auch in die dunkleren Ecken der eigenen Psyche leuchten lassen, den Impulsen zu einer lebendigeren Lebensweise durch das Leuchten der Seele Mut machen, sodaß schließlich das Licht der eigenen Seele sich in allem, was man denkt, fühlt und tut, ausdrücken kann.

Um dies zu erreichen, ist eine einfache Meditation sehr hilfreich:

> Setzen Sie sich gemütlich hin, kommen Sie an und achten sie auf Ihren Atem.

> Sprechen Sie beim Einatmen innerlich den Namen ihrer Seele und stellen

Sie sich vor, leuchtende Lebenskraft einzuatmen, die Sie dann in Ihr Herz-chakra lenken. Wenn Ihre Seele Ihnen keinen Namen genannt hat, mit dem Sie sie ansprechen können, können sie auch einfach einen beschreibenden Namen nehmen, der sich auf das Äußere Ihrer Seele bezieht wie z.B. „Goldgelockte" oder „Feuriger" oder „Großer".

Sprechen sie beim Ausatmen innerlich „Liebe" und lassen sie die Lebens-kraft in Ihrem Herzchakra aufleuchten. Liebe ist die Qualität des Herzchakras und Ihr Herzchakra ist auch der Tempel ihrer Seele.

Führen sie diese Meditation täglich ca. 20 Minuten durch.

Diese Meditation ist sehr nützlich, aber das bedeutet nicht, daß man sie unbedingt durchführen muß, denn selbst das ist eine Stilfrage. Schauen sie, welches Vorgehen ihnen passend vorkommt. Nach meiner Erfahrung scheint man aber zumindest allgemein sagen zu können, daß der Kontakt mit der eigenen Seele dann am meisten Früchte trägt, wenn man diesen Kontakt im eigenen Leben viel benutzt und ihn lebendig werden läßt. Eine Methode besteht auch einfach darin, immer dann, wenn etwas schwierig wird, den Kontakt mit der eigenen Seele aufzunehmen. Probieren Sie aus, welche Methode Ihnen am meisten liegt.

IX 1. k) Anrufungen und Urbilder

Die Gottheiten sind im Gegensatz zu den persönlichen Bildern, die in den verschiedensten Zuständen sein können, Urbilder, die einen heilen, richtigen Zustand darstellen. Daher können die Gottheiten eine große Hilfe vor allem bei Heilungen sein, da man durch den Kontakt zu ihnen einen Eindruck davon erhält, was man eigentlich erreichen will – und etwas, das man schon einmal gesehen und erlebt hat, ist leichter anzustreben und zu erreichen als etwas, was man noch gar nicht kennt.

Es gibt einige einfache Methoden, um einen ersten Kontakt zu einer Gottheit herzustellen. Dazu gehört zunächst die Einladung an die betreffende Gottheit, hier also an Odin, in das eigene Leben zu kommen und einen selber an der Qualität der Gottheit teilnehmen zu lassen.

Als erste Annäherung bietet sich eine Traumreise zu Odin an – entweder eine Traumreise alleine oder auch zu mehreren Personen, wobei dann alle in derselben Vision sind und sich während der Traumreise immer kurz erzählen, was man gerade sieht – wodurch man bald merken wird, daß sich tatsächlich alle Beteiligten in derselben Vision befinden.

Der nächste Schritt besteht darin, daß man wie bei einer Familienaufstellung Odin bittet, an einer bestimmten Stelle im Raum anwesend zu sein. Dazu kann man zu dieser Stelle gehen, seine Hand auf den Boden legen und Odin mit ein paar einfachen Worten bitten, an dieser Stelle anwesend zu sein. Wenn man dies mit mehreren Personen durchführt, wobei dann alle nacheinander zu dieser Stelle gehen und Odin einladen, wird diese Methode noch effektiver. Sechs bis acht Personen sind eine gute Anzahl.

Dann kann man sich innerlich auf diese Stelle ausrichten und schauen, was man dort wahrnimmt und evtl. Fragen an Odin stellen oder Wünsche an ihn richten.

Als nächstes kann man sich nun an die Stelle stellen, an der sich Odin bzw. seine Qualität befindet, und dann schauen, was geschieht, wie man sich fühlt, wie sich das Körpergefühl verändert. Man kann sich dann auch einmal als Odin bewegen bzw. „sich von ihm bewegen lassen" und schauen, wie sich das anfühlt. Im Grunde ist dies eine einfache „spirituelle Familienaufstellung".

Dies kann man auch mit mehreren Personen nacheinander durchführen und dann die Erlebnisse, die jeder an dem „Odin-Ort" hatte, miteinander vergleichen.

Es können natürlich auch alle Personen gleichzeitig die Qualität des Odin von der Stelle aus, an der sie sich befindet, in sich hineinrufen. Es ist dann ein spannendes Erlebnis, Odin die eigene Stimme zu „leihen" und dann einfach damit zu beginnen, einen Ton zu summen oder zu singen. Dabei ist es wichtig, nicht zu wollen, sondern die Stimme „geschehen zu lassen". Das ist durchaus auch mit mehreren gleichzeitig möglich.

Diese einfachen Methoden der Kontaktaufnahme lassen sich z.B. dadurch noch ausweiten, daß man einzeln oder gemeinsam den Namen Odin singt.

Die klassische Invokationsmethode besteht darin, sich Odin mithilfe von Bildern und Statuen möglichst plastisch und lebendig vorzustellen und sich dann mit dem vorgestellten Bild zu vereinen, wodurch man sich dann selber als Odin sieht. Bei dem Aufbau des Bildes sind auch Anrufungstexte, Beschreibungen, Hymnen u.ä. hilfreich, die man zunächst vorliest und später dann auswendig spricht und schließlich zur Improvisation übergeht.

Diese klassische Methode funktioniert zwar durchaus, aber Traumreisen und „Familienaufstellungen" mit einer Gottheit führen zu deutlich schnelleren Ergebnissen.

Der Kontakt mit Gottheiten hat eine Besonderheit: Gottheiten haben eine einfache, klare Qualität, aber sie sind grenzenlos. Das bedeutet, daß der ungehinderte Kontakt zu einer Gottheit wie ein Sprung in einen Ozean ist, wie eine Auflösung der eigenen Grenzen. Dazu ist es notwendig, daß man sich nicht mehr über seine Grenzen, sondern über seine Qualität definiert. Oder anders gesagt: solange man noch verdrängte Teile in der eigenen Psyche hat und trotzdem versucht, sich vollständig einer Gottheit zu öffnen, werden sich auch die Abgrenzungen zu den abgespaltenen Teilen der eigenen Psyche auflösen und die verdrängten Inhalte bewußt werden – was bei ausreichend vielen Verdrängungen dann zu einem Horrortrip wird …

Dies wäre dann eine Reise ins Jenseits, bei der man seine abgespaltenen Seelenteile zwar findet und sie vielleicht auch noch ein kleines Stückchen zurückholen, aber nicht integrieren kann.

Glücklicherweise organisieren sich diese Dinge meistens selber, sodaß man eine Gottheit in aller Regel immer nur so direkt und intensiv erleben wird, wie man auch seine eigenen psychischen Inhalte aushalten kann.

Das Erlebnis einer Gottheit beginnt meist mit einer Vorstellung (Imagination), dann kommt eine Vision auf einer Traumreise, dann ein direkteres Erlebnis durch eine Aufstellung und schließlich wird das Wesen der Gottheit selber bewußt, indem es das ganze Innere überflutet. Dies ist ein ausgesprochen beglückendes Erlebnis, wenn man dafür bereit ist, da Freude, technisch gesehen, die Ausweitung des Bereiches ist, in dem alle Dinge miteinander in Resonanz stehen und miteinander schwingen. Je größer der Bereich der eigenen Psyche ist, der sich integrieren läßt, desto größer ist die innere Freude – und wenn sich dieser ungehindert schwingende Bereich über die Psyche hinaus auf eine Gottheit ausdehnt, ist die Freude ganz wörtlich grenzenlos. Dies Erlebnis ist der Grund für Buddhas Lächeln.

Odin als Gott der Jenseitsreise und somit auch der Integration der Psyche ist daher auch ein Gott der Ekstase, wobei dieses Wort eine Doppelbedeutung hat – zum einen das „Heraustreten" bei der Astralreise, und zum anderen der Zustand der Begeisterung, was wörtlich „mit einem Geist, einer Seele oder einer Gottheit versehen" und im weiteren Sinne „Eintritt in einen Zustand der Freude" bedeutet.

Die Berserker haben diese Methode der Erhöhung der Lebenskraft für ihre Kampfmagie benutzt, aber das ist nur eine Möglichkeit, diese Ekstase weiterzunutzen – an sich ist diese Ekstase der Einheit mit der Gottheit zunächst einfach einmal eine große Freude, ein inneres Strahlen.

An der Abgrenzungslosigkeit der Gottheiten liegt es auch, daß mehrere Personen gleichzeitig z.B. Odin invozieren oder im Gebet mit Freya sprechen können. Gottheiten sind eher so etwas wie ein Meer, das man an vielen Stellen berühren kann und eben keine abgegrenzte Einheit, die sich nur auf ein Gegenüber ausrichten kann.

Die Fähigkeit der Bilokation, also der Möglichkeit, an mehreren Orten gleichzeitig zu sein, die verschiedene Heiligen und Yogis hatten, ist offenbar eine Fähigkeit, die man erst erwerben kann, wenn man schon in dem Bereich der Gottheiten heimisch geworden ist, da die Bilokation eben eine sehr drastische Demonstration des eigenen Handelns aus der Abgrenzungslosigkeit heraus ist.

IX 1. l)   Landschaftsbewußtsein und Urvertrauen

Das Landschaftsbewußtsein ist ein Phänomen, das eng mit der Anrufung einer Gottheit und der Abgrenzungslosigkeit der Gottheiten verbunden ist. Wenn man viel meditiert, sich um die Heilung und Integration der eigenen Psyche bemüht und häufig Anrufungen von Gottheiten durchführt, wird sich die Abgegrenztheit der eigenen Psyche allmählich auflösen, da diese Abgrenzungen lediglich aus den eigenen verdrängten Teile der Psyche bestehen.

Wenn man einen Teil der eigenen Psyche, z.B. ein früheres Erlebnis, das mit heftigen unangenehmen Gefühlen besetzt ist, nicht integrieren kann, steht dieser Teil der Psyche sozusagen wie eine undurchsichtige Wand um das eigene Wachbewußtsein herum und versperrt den Blick in diese Richtung.

Natürlich kann durchaus auch mit einer noch nicht vollständig geheilten Psyche Telepathie, Telekinese u.ä. erfahren, aber die nicht-integrierten Teile der Psyche setzen diesen Fähigkeiten doch klare Grenzen. Durch Anrufungen können nach und nach diese Teile der Psyche bewußt werden und integriert werden. Das heile Urbild der Gottheit ermöglicht dem Verdrängten, nach und nach an die Oberfläche des Wachbewußtseins zu kommen, weil zu sehen ist, wo dieser Teil innerhalb einer heilen Struktur seinen Platz haben wird.

Dadurch entsteht zunächst einmal vermehrte Telepathie, das Vorhersehen von Ereignissen, die Wahrnehmung der Aura oder des Charakters von anderen Personen u.ä. und schließlich eine Ausweitung des eigenen Bewußtseins auf die nähere und fernere Umgebung, wodurch man dann alle Dinge, die dort geschehen, wahrnehmen kann, wenn man dies will.

In der Regel entscheiden sich aber die Menschen, wenn sie diesen Zustand erreicht haben, dafür, nur die Dinge wahrzunehmen, die sich auch auf sie selber beziehen – was auch der Zustand ist, der sich von selber einstellt, wenn man ihn nicht bewußt anders gestaltet.

Dieser Zustand ist auch mit dem Urvertrauen verbunden – ganz einfach deshalb, weil er nur erreicht werden kann, wenn die Psyche schon zu einem großen Teil geheilt ist, was wiederum bedeutet, daß man einen relativ großen inneren Frieden erreicht hat und sich daher die eigene Umwelt, die ja immer ein Spiegelbild des eigenen Inneren ist, ebenfalls weitestgehend in Harmonie mit einem selber befindet.

IX 2.   Träume und Traumreisen

IX 2. a) Traum

Diesen Traum, den ich vor langer Zeit einmal hatte, konnte ich mir zunächst nicht erklären, da ich damals noch kaum etwas über den Schamanismus wußte.

Ich fuhr auf einem kleinen Boot zu einer recht steil ansteigenden Küste mit nur wenigen Bäumen und Sträuchern und keinerlei Anzeichen von Zivilisation. Als ich am Ufer ankam und ein paar Schritte gegangen war, kam mir eine Gestalt entgegen, die ich spontan den Oger, also den Menschenfresser nannte. Er sah wie ein Mittelding zwischen Riese, Neandertaler und einem eher brutalen Menschen aus.

Er sprach kein Wort, aber es war klar, daß ich ihm folgen sollte. Wir kamen an eine kleine, halbkugelförmige Hütte, die in etwa wie eine Schwitzhütte aussah (die ich damals aber noch nicht kannte). Wir gingen in das Halbdunkel hinein und ich sah, daß in der Hütte ein großer, schwarzer Kessel auf einem Feuer stand.

Der Oger zerhackte mich in Stücke und warf sie in den Kessel. Dann zerhackte er sich selber und warf sich ebenfalls in den Kessel (das klingt zwar unlogisch, aber es war so in dem Traum). Dann kochte ich, d.h. wir, eine Weile und schließlich entstand aus dem Oger und mir ein neuer Körper, der sich viel vollständiger und heiler als vorher anfühlte.

In diesem Traum wird die Integration eines abgespaltenen Teiles meiner Psyche, eben die durch den Oger dargestellte Aggression und Gier ganz in schamanischer Symbolik dargestellt – wobei ich nicht weiß, wie diese Symbolik damals in meinen Traum geraten konnte. Offenbar liegen diese Symboliken und Bilder am Grund unserer Psyche in dem kollektiven Gedächtnis der Menschen.

Dieses kollektive Unterbewußtsein, wie C.G. Jung es nennt, ist auch nur ein anderer Ausdruck für das Jenseits, in dem die ganzen Ahnen der Menschheit und somit auch die Erinnerung an alle Dinge, die die Menschen jemals erlebt haben und auch die Erinnerungen an die Dinge aus der Zeit vor der Entstehung der Menschen liegen. Dort findet sich z.B. auch die Muttergöttin der Menschen und auch die Tiermütter, die die Urbilder der jeweiligen Lebewesen sind.

IX 2. b)   Erste Traumreise zu Odin

Etliche Jahre später habe ich einmal zusammen mit einer Freundin eine Traumreise nach Asgard gemacht, weil wir beide etwas in uns selber besser verstehen wollten und hofften, von den germanischen Göttern eine Antwort darauf zu erhalten.

Bei dieser Reise waren wir zusammen in derselben Vision und konnten uns gegenseitig wahrnehmen, wobei wir im Gegensatz zu unseren anderen gemeinsamen Traumreisen hier einige Teile der Traumreise alleine durchgeführt haben.

Wir begannen die Traumreise damit, daß wir uns in unserer Vision beide auf einer Wiese getroffen haben, was recht einfach war, da wir schon oft zusammen in einer Vision gereist waren.

Dann hielten wir Ausschau nach einem Regenbogen und nach einer Weile fanden wir auch einen. Wie wir es erwartet hatten, war es in der Traumreise möglich, zu der Stelle zu gehen, an der der Regenbogen begann.

Wir stiegen hinauf und als wir fast am oberen Ende des Regenbogens angekommen waren, stand Heimdall mit Schwert und Horn und Flügelhelm vor uns. Es wurde ziemlich schnell klar, daß er nur diejenigen durchläßt, die ein wirkliches Anliegen haben – aber das hatten wir auch tatsächlich und so wurden wir eingelassen. Am oberen Ende des Regenbogens waren wir am Rand einer weiten Landschaft angekommen – wie eine zweite Erdoberfläche in den Wolken oder am Himmel.

Zunächst suchten wir nach Freya, weil meine Freundin sie etwas fragen wollte. Wir fanden sie rechts auf einer Wiese vor einem Baum und ich ließ meine Freundin alleine und wartete mit einigem Abstand auf das Ende des Gespräches.

Offenbar waren wir hier auf einer reinen Bildebene, auf der sich das abgrenzungslose Wesen der Gottheiten nicht bemerkbar machte, sodaß es recht einfach war, hier umherzugehen und die Gottheiten anzuschauen.

Nach dem Ende des Gespräches zwischen meiner Freundin und Freya hatte ich das Bedürfnis, zu Odin zu gehen, aber ich wurde nach links hin aus Asgard hinaus nach Utgard gewiesen und kam in ein Ödland mit Heidekraut, Felsen und vielen kleinen Gräben, die ca. 1m breit und 2m tief waren. Dort ging ich umher und kam schließlich an eine Art Hünengrab, unter der eine finstere, drahtige Gestalt mit pechschwarzem Haar und dunkler Kleidung saß.

Ich erkannte die Gestalt sofort als Loki – und Loki war der germanische Gott, dem ich am wenigsten begegnen wollte. Aber ich blieb, weil er mich offenbar gerufen hatte. Er begann an oder besser in meinem Körper etwas zu bewegen und Feuer aus der Erde in mich hineinzurufen, was mir nicht ganz geheuer war, da sich diese Kraft eher dunkel, hart, irgendwie tierisch und wild anfühlte – und ich mich ja im allgemeinen eher zu Göttern wie Baldur oder Bragi hingezogen fühle.

Es war, als ob Loki lauter Fremdes in mich legen wollte, das mir aber eigentlich doch nicht fremd, sondern nur unangenehm war.

Nach einer Weile ging er mit mir nach Asgard in eine Große Halle. Dort hatten sich die Götter in einem Kreis versammelt. Es wurde nur wenig gesprochen. Ich wurde in die Mitte gerufen und nach kurzer Zeit nahm ein Gott, vermutlich Tyr, ein Schwert und zerhackte mich in kleine Stücke und die Götter warfen mich in den großen Kessel in der Mitte des Raumes.

Dann traten sie alle herbei und jeder spuckte einmal in den Kessel, in dem ich zerstückelt im Wasser oder was diese Flüssigkeit auch immer sein mochte, lag. Dann begann das Wasser zu kochen oder zu „wallen" und ich fühlte mich vollkommen nackt unter den Augen der Götter, die in den Kessel blickten – das ging bis ins Knochenmark.

Am deutlichsten war mir dabei die ganze Zeit Odin, der das Ritual zu leiten schien. Er hatte im Gegensatz zu seiner Darstellung in der Mythologie beide Augen offen.

Zwischendurch hatte ich immer wieder einmal die unwohle Frage in mir, ob mir dieses Erlebnis überhaupt zusteht – ich hatte mit weit weniger gerechnet und vor allem auch nicht mit einem Erlebnis mit allen Gottheiten, von denen ich zumindest einige wie Odin, Tyr, Thor, Loki und Freya erkennen konnte.

Von den Gottheiten schien die ganze Zeit, in der ich in dem Kessel lag und mich allmählich wieder zusammenfügte, ein Segen oder ein „Gestalten" auszugehen, das dieses Wiederzusammenfügen lenkte. Irgendein Einfluß ging dabei auch von Thors Hammer aus, was ich aber nicht genauer erkennen konnte.

Schließlich war ich wieder zusammengefügt und konnte aus dem Kessel steigen. Ich bedankte mich etwas unbeholfen und ging zu meiner Freundin zurück. Dann stiegen wir wieder die Regenbogenbrücke hinab.

Nach dieser Reise hatte ich für viele Jahre das deutliche Gefühl, sie nicht erzählen zu dürfen, auch nicht der Freundin, mit der ich damals zusammen gereist bin.

Es fällt natürlich auf, daß ich im Traum und in der Traumreise zwei ganz ähnliche Erlebnisse hatte – das Zerstückeln und das Wiederzusammensetzen in dem Kessel und auch Loki und der Oger hatten durchaus eine Ähnlichkeit.

Solche Wiederholungen und Ähnlichkeiten sind durchaus typisch für die Träume und Traumreisen eines Menschen, da man eben dieselbe Grundkonstellation in seinem Charakter behält und daher mitunter auch über viele Jahre hinweg mit denselben Themen zu tun hat.

Eine andere Person könnte vielleicht die Besonnenheit des Richtergottes Bragi als Thema haben, um die sich seine Traumreisen und sonstigen Visionen ranken, oder auch der Jähzorn des Thor oder die gärtnerische Pflege der Idun …

Das eigene Thema, das sich dann auch in den Erlebnissen in der germanischen Götterwelt wiederfinden wird, kann man nur erfahren, wenn man sich selber auf den Weg macht. Die Bilder dieser Traumreisen haben im Allgemeinen eine große Tiefe, weil sie die Urbilder zu den eigenen inneren Bildern sind – in meinem Fall Tod, Verwandlung und Wiedergeburt. Diese Themen sind auch in meiner Beschäftigung mit anderen Mythologien sofort „zu mir gekommen" wie z.B. der ägyptische Gott Osiris. Auch mein Beruf als Lebensberater entspricht ganz diesem Thema.

Solche Traumreisen sind Begegnungen mit Gottheiten auf der Ebene der inneren Bilder – man begegnet sozusagen den Spiegelungen der Gottheiten in der eigenen inneren Bilderwelt. Wenn man eine Gottheit anruft und sie spontan „von außen her" erscheint, ist das Erlebnis deutlich anders: Es ist wie eine riesige Welle, die alles erfüllt oder wie ein Licht, das alles durchdringt, oder wie eine Qualität, die mit vollkommener Intensität alles erfüllt. Wenn man sich für diese Qualität öffnen kann und sich selber nicht durch Grenzen schützen muß, ist dies das schönste Erlebnis, das man sich denken kann; wenn man jedoch noch Grenzen braucht, wird möglicherweise Panik ausbrechen, da diese Woge keine Grenzen kennt.

IX 2. c)   Zweite Traumreise zu Odin

„Odin – ich würde Dich gerne besser kennenlernen. Ich habe jetzt viele Texte über Dich gelesen und viel nachgedacht ... gibt es da Dinge, die Du mir zeigen oder sagen möchtest?"

... ...

„Du hast eine gewisse Abneigung gegen mich entwickelt. Du bevorzugst Tyr als Göttervater."

...

„Hm ... ja ... ich komm mit diesen Verwandlungen noch nicht ganz zurecht ... mit diesem Absetzen des Tyr durch Dich ... also Tyr, der indogermanische Dhyaus – das ist der Zyklus und die Verwandlung und die Sonne und die Mitte ... das ist alles noch ein bißchen ... ja ... naturverbundener, friedlicher ..."

„Und ich als Schamane bin das nicht?"

„Hm ... ist das jetzt eine Frage von Dir oder kam die aus mir?"

„Nein, keine von mir – aber eine, die Du Dir stellst ... und die Du Dir gerade so halb ausgedacht hast."

„Na gut – ich hab's ja gemerkt, da ich mich da ins 'Hören' eingemischt habe ... Ja, je mehr ich mir das so angucke, desto mehr merke ich daß Du ja eigentlich ein Kriegsgott bist."

„Dazu bin ich geworden während der Völkerwanderungszeit – das war das, was da gebraucht wurde."

„Seh ich das richtig, daß Du ... ja ... daß Du sowas wie die Tempelritter oder die

Shaolin bist, also die ... Spiritualität und Kampf miteinander verbinden?"

„Ja, ich bin der Gott der Berserker."

...

„Hm ... ... und sehe ich das auch richtig, daß Du sozusagen ... ja ... aus dem 'Leiter der Mysterien' heraus entstanden bist?"

„Das ist mein Ursprung – und das ist das, wozu sich die Schamanen um 600 v.Chr. verwandelt haben ... an vielen Orten – zu Yogis, zu Einweihungspriestern, zu Schamanengöttern ..."

... ...

„Das ist doch dann so ähnlich wie bei Christus, oder? Christus war jemand, der gepredigt hat, daß man sich auf Gott beziehen soll – und dann ist er selber ins Zentrum einer neuen Religion gerückt, also ins Zentrum des nach ihm benannten Christentums."

„Das kann man im Prinzip so sagen, ja."

„Du bist also vom Schamanen zu der zentralen Gottheit geworden. ... ... Gibt es denn noch etwas, was gut wäre, wenn das noch in meinem Buch über Dich stände? Etwas, was da fehlt oder wo ich was falsch überlegt oder dargestellt habe?"

... ...

„Die Menschen, die sich für mich interessieren, sollen zu mir kommen, die sollen mit mir sprechen, Traumreisen zu mir machen, um Zeichen bitten ... das ist einfacher und effektiver."

„Hm – kann ich daraus schließen, daß zumindestens keine groben Fehler in meinem Buch sind?"

„Ja."

„Das ist schön. ... ... Gibt es denn etwas, was Du mir persönlich sagen möchtest?"

„Das habe ich Dir eben schon gesagt."

„Du meinst das mit Tyr und Dir?"

„Ja."

...

„Hm ... wie sähe denn ein passendes Verhältnis zwischen euch aus? Also, ich meine ... wenn nicht der eine den anderen einfach absetzt ... also ... erst setzt Du Tyr ab und dann kommen die Christen und setzen Dich ab ..."

... ...

Ich merke, daß Tyr auch da ist – Odin ist links von mir, Tyr rechts ... Tyr lächelt ...

... ...

Tyr: „Schau uns an."

Ich: „Hm ... jetzt, wo ich euch beide vor mir sehe, ist es eigentlich recht einfach ... Du, Tyr, bist das Vorbild – und Du, Odin, bist der Heiler ... und, ja, so'n bißchen so was wie'n Coach ... In den Mythen findet sich das am ehesten in dieser Weise im

Fiölswin-Lied. ... Findet ihr, daß diese Beschreibung paßt?"

...

Sie nicken ...

Ich: „Das hat echt was Erleichterndes, euch beide friedlich nebeneinander zu sehen! ... Ich hab jetzt so viel darüber geforscht, wie sich die nordgermanische Religion um 500 n.Chr. geändert hat, also als Thor und Odin Tyr abgesetzt haben, daß ich da mehr den Konflikt als die Ergänzung gesehen habe. ... ... Gibt es da noch etwas, was ihr mir zeigen wollt? ... ... Da kommt noch was, aber nicht jetzt – ist das so richtig?"

Ich kann die Zustimmung spüren ...

... ...

„Danke, Odin, und Danke, Tyr – das hat jetzt gut getan!"

„Bitte."

„Ho!"

IX 2. d)   Dritte Traumreise zu Odin

„Odin?"

„Ja?"

„Ich würde gerne eine spezielle Traumreise zu Dir oder, ja, mit Dir machen: Ich würde gerne Deine Entwicklung sehen. ... Kannst Du mir die zeigen?"

„Ja."

... ...

Ich sehe Odins Gesicht ziemlich deutlich vor mir ... mit dem linken, blinden Auge und dem ... ja, es ist ein sehr ernster, schweigsamer Blick, wenn ich das mal so sagen darf ...

„Ehm ... wie findest Du das am sinnvollsten mit der Traumreise, Odin? Von der Gegenwart in die Vergangenheit oder umgekehrt? ... ... Hm, hat das einen Grund, daß Du gerade so wenig sprichst?"

... ...

„Komm mit."

„Gut."

... ...

Wir sind in einer Landschaft ... ziemlich flach ... Hügel ... Gras, aber nicht üppig ... ein paar Bäume, Sträucher ... hinter mir ist ein Haus oder 'ne Halle ... ja ... welche Zeit ist das? ... Ich würde das auf 750 n.Chr. schätzen oder so ... irgendwo zwischen Merowingerzeit und Karolingerzeit ... mehr Merowinger ... hm ... das Ganze ist im Norden, ich gucke nach Süden, der Ausgang der Halle ist auch im

Süden, Odin steht rechts neben mir ... ...

Es ist ein Gefühl von Anstrengung und Erschöpfung in der Luft ... oder wo immer das auch sein mag ... ...

Ich sehe Drachenschiffe am Strand – der ist aber ziemlich weit weg von hier ... ...

Da ist viel Kampf, da ist einfach ... ja, das Recht des Stärkeren eben ... das Leben ist generell irgendwie ... ja, ziemlich viel Kampf ...

Ja, wenn wir jetzt so grob bei 700 n.Chr. sind, ist die Völkerwanderung ja schon gut 100 Jahre vorbei ...

Odin zeigt mir wortlos, daß ich wieder mitkommen soll ...

... ...

Das Land eben war, glaube ich, Dänemark ... Südschweden ... ja, Island glaube ich nicht ... oder eine von den Faröer-Insel, also jedenfalls im Norden ... Nordgermanen ...

Jetzt bin ich auf jeden Fall auf dem Kontinent ... Mitteldeutschland oder so was ... ja ... bißchen nördlicher vielleicht ... und es ist früher ... Wo sind wir denn hier? ... Irgendwas um 500 n.Chr. ... die Unruhe ist noch viel größer ... hier herrscht ein Krieg von einem Ausmaß, der hier sonst eigentlich nicht bekannt gewesen ist ... dadurch, daß die Hunnen gekommen sind von Osten und alles in Aufruhr gebracht haben und alle möglichen germanischen Stämme geflohen und wieder andere angegriffen haben ... ...

Puh! ... Odin blickt gerade total finster – er ist ganz eng mit dem Tod und dem Krieg verbunden ... die gefallenen Krieger kommen zu ihm – und dann ist er auch ein Kriegsherr ...

„Bist Du erst ein Gott der Toten gewesen ... und dann ein Gott der toten Krieger ... und dann der, der den Todeszeitpunkt der Krieger bestimmt – und dann schließlich der Kriegsherr? Hat sich das so entwickelt?"

Er nickt ...

Ich spür wieder, daß ich mitkommen soll ...

... ...

Es ist jetzt, glaube ich, 300 n.Chr. oder so was ... zwischen Mitteldeutschland und Süddeutschland ... aber rechtsrheinisch ... noch weiter im Süden sind die Kelten ... ja, und die Römer natürlich ... und nach Westen hin auch ... ...

Am Niederrhein werden gerade von den Römern, Kelten und Germanen gemeinsam die drei Matronen verehrt ... aus denen dann später z.B. die drei Nornen geworden sind ... ... ursprünglich die drei beschützenden Göttinnen ...

Die Stimmung ist anders ... es herrscht Krieg ... aber das ist mehr ... es wird halt immer wieder mal gekämpft, aber es fühlt sich nicht nach so'nem heftigen Umbruch und nach völliger Wurzellosigkeit an wie in der Völkerwanderungszeit ...

Odin ist anders ... er ist nicht mehr so finster ... ...

„Tja – hast Du zu dieser Zeit noch beide Augen gehabt?"

„Mein Auge habe ich in der Völkerwanderungszeit verloren."

„Woraus ist diese Symbolik entstanden?"

„Jenseitsreise."

... ...

„Hm ... es gibt ja auch viele Schamanen, die zwei Augen haben ... aber viele Schamanengötter, Korngötter und ähnliche, die sterben und wiedergeboren werden, haben Verletzungen oder sind verletzt und heilen wieder – wie Osiris, Tyr oder der keltische Nuada ... und auch Christus ... Das heißt, das ist 'Tod und Wiedergeburt', 'Krankheit und Heilung'?"

„Ja."

„Hat sich diese Symbolik an einer bestimmten Stelle zu einer bestimmten Zeit entwickelt?"

... ...

Odin sagt nichts, aber ich spüre, sehe etwas ... es gab diese Symbolik längere Zeit ... aber ... sie scheint mir erst in der Völkerwanderungszeit wesentlich geworden zu sein – so um 500 n.Chr. rum ...

... ...

„Hast Du etwa die Symbolik des blinden Auges von Tyr übernommen? Der tagsüber sozusagen die sehende Sonne und Nachts die blinde Sonne ist? Dessen Kniesehnen durchgetrennt wurden? Dessen Hand abgeschlagen wurde?"

„Ja – da habe ich die Augen-Symbolik übernommen ... das war die, die am besten gepaßt hat ..."

„Hm ... ... und um 300 n.Chr. ... da warst Du noch kein Kriegsgott und auch noch nicht so richtig ein Totengott, oder?"

„Nein – da war ich der Seelenführer ... deshalb haben die Römer mich mit Merkur verglichen ..."

... ...

„Hm ... Du wirkst hell, fast strahlend – das ist echt ungewohnt!"

...

„Das ist das, was ich vom Kern her bin."

... ...

„Das sieht fast dem Tyr ähnlich ..."

„Ja ... komm noch ein Stück weiter mit zurück ..."

... ...

Wir sind jetzt bei 300-400 v.Chr. ... in derselben Gegend – südliches Mitteldeutschland oder so ... ... Hm – Odin ist jetzt garnicht mehr so sehr ein Gott, er ist mehr wie ... ja ... das Urbild der Schamanen oder der Mysterien-Priester ... ...

„Wo habt ihr Germanen davon gehört, davon erfahren?"

„Alle wußten damals, daß es die Mysterien gibt – die Kelten wußten das, die

Thraker, die Griechen, die Römer ... alle, die da ringsum waren ... "

„Die Slawen und Balten auch? "

„Die wußten auch davon. "

...

*„Aber es hat sich ja von den Griechen und Thrakern zu ihren Nachbarn hin ausge-
breitet ... nach Westen zu den Römern, noch Nordwesten zu den Kelten ... von dort
aus nach Norden zu den Germanen, Slawen und Balten ... Und ... ihr habt das so
übernommen? "*

*„Wir haben es auf unsere Art gemacht, so wie auch die Kelten es auf ihre Art
gemacht haben ... Aber dieser Gedanke der Mysterien, also daß jeder seiner eigenen
Seele begegnen kann, daß jeder sein eigener König ist ... das war überall gleich, das
war etwas, was das Weltbild grundlegend verändert hat. "*

*„Das war ja um 600 v.Chr., als diese Mysterien gegründet worden sind und auch
diese ganzen Weisheitslehren ... ja, formuliert worden sind ... von China bis zum
Mittelmeerraum hin ... Lao-tse und Dschuang-tse, Buddha und Jaina, Zarathustra ...
ja, Pythagoras, Zalmoxis ... die Mysterien von Eleusis ...
Hat das lange gedauert, bis das zu den Germanen kam? "*

*„Es hat sich schnell rumgesprochen – etwas, das an so vielen Orten gleichzeitig
passiert, ist überall im Bewußtsein da ... und das, was an einer Stelle an Erkenntnis
entsteht, das breitet sich rasch aus... "*

*„Und Du hast die Aufgabe übernommen, die Mysterien zu leiten ... was warst Du
denn vorher? Schamane? "*

„Tyr-Priester. "

...

*„Hm ... wenn Tyr das Vorbild ist – Tyr stirbt im Herbst, kehrt im Frühjahr
wiedergeboren zurück ... er ist der Sonnengott-Göttervater und auch der Sommergott
... das ist ja schon schlüssig ... Also: Tyr-Priester mit schamanischen Fähigkeiten? "*

*„Damals waren die Priester noch zu einem großen Teil Schamanen – die waren
weniger Ausübende eines Amtes, das sie verliehen bekommen haben, sondern sie
hatten ihre Rolle inne, weil sie sie ausfüllen konnten. "*

... ...

*„Ja ... das heißt, Du bist aus den Diar entstanden, aus den Tyr-Priestern, den
Dhyaus-Priestern? "*

„Ja. "

...

„Hm ... das bringt ja wieder einen Zusammenhang zwischen Dir, Odin, und Tyr. "

„Ja, der ist da – der ist sogar sehr ausgeprägt. "

...

*„Hm – das ist ein Aspekt, der mir nicht so bewußt gewesen ist ... ... Gibt es da
Einzelheiten, Besonderheiten, die Du mir erzählen kannst ... oder etwas darüber, wie*

bei den Germanen so eine Einweihung eigentlich ausgesehen hat?"

... ...

„Erst war es den Griechen ähnlich ... und den Thrakern ..."
„In welcher Form?"

... ...

Ich sehe Menschen ... ja, Männer ... die da sitzen ... und es sieht aus, als würden sie da meditieren ... es hat viel Ähnlichkeit mit diesen Männern, die im halben Lotussitz oder im Schneidersitz sitzen, die von den Germanen des öfteren dargestellt worden sind ... auf diesem einen Ritualeimer z.B. ... die haben alle das Sonnenkreuz auf der Brust, die Swastika ...

Odin: „Ja, das sind Männer, Menschen, die das Sonnenchakra erweckt haben, die das Herzchakra erweckt haben, die ihre eigene Seele kennen ... die die Jenseitsreise gemacht haben – als Meditation ..."

„Und was hat die Kundalini damit zu tun? Die auf den Goldhörnern von Gallehus (400 n.Chr.) dargestellt worden ist? Die muß doch damals auch eine Rolle gespielt haben – sonst wär sie doch nicht so viel später (als in Göbekli Tepe um 10.000 v.Chr.) immer noch dargestellt worden ... ... Stimmt das, was ich gesagt habe, Odin?"

„Spüre dem mal selber nach."

...

„Ist die Kundalini die Kraft, die diese Verwandlung bewirkt? Die letztlich Menschen dazu gebracht hat, sich selbst zu finden? Das ist im Grunde ja das, was ich gerade mache – meine Kundalini erwecken, um alle Ängste, Süchte und falschen Vorstellungen in mir aufzulösen ... ich erforsche die Kundalini und merke, daß die mich letztlich zu meinem Herzchakra führt."

„Ja – genau das ist das, was wir damals gemacht haben ..."

„Das heißt, es gab garnicht so drastische Rituale wie bei den Kelten, bei denen der Einzuweihende an einen Baumstamm gebunden wird und dieser Baumstamm dann in einen Wasser-gefüllten Schacht gesenkt wird bis der Betreffende mehr oder weniger ertrunken ist, und dann wird er wieder rausgezogen und wiederbelebt ... das ist ja schon eine ... sehr ... naturalistische Methode der Erzeugung einer Jenseitsreise, eines Nahtod-Erlebnisses, also einer Astralreise ..."

„Das war die keltische Methode, das war nicht unsere Methode."

...

„Hm ... das klingt ja, als ob die Mysterien am Anfang bei den Germanen dem indischen Yoga-Stil recht ähnlich gewesen wären ..."
„Ja ... das waren sie ..."
„Wie kommt das? ... Das kann doch eigentlich nur durch die Schamanen der Indogermanen gekommen sein ... die sich in Indien zu den Yogis weiterentwickelt haben ... und deren ursprüngliche Tradition der Kundalini-Erweckung, die es ja

schon um 10.000 v.Chr. in Göbekli Tepe gegeben hat, sowohl die Inder als auch die Germanen und auch die Kelten weitergeführt haben ...

Die Herz-Meditation oder die Herzchakra-Erweckung und auch die Kundalini-Erweckung müssen eine alte indogermanische Tradition sein, die noch weiter bis mindestens zu Göbekli Tepe zurückgeht ... und die sich ja ansatzweise auch noch bei den Ägyptern und bei den Sumerern findet, die ja wie die Indogermanen von den frühen Jägern von Göbekli Tepe in Nord-Mesopotamien abstammen ...

Ist das so richtig, Odin?"

„Es ist ausreichend genau."

„Hm ... hm ... an welcher Stelle sind denn ... ja, ist Dein Hängen am Baum dazugekommen? Ist das von den Kelten übernommen worden?"

„Es gab viel Austausch ..."

„Ja – die Germanen haben um 400 v.Chr. den Kessel von Gundestrup verwendet – und das ist ein Kessel mit keltischen Motiven, der von den Thrakern hergestellt worden und mit einigen von ihren Motiven ergänzt worden ist, also ... daß heißt ... waren diese Mysterien sozusagen international, damals?"

„Ja, das waren sie."

... ...

„Hm ... und Dein Hängen am Baum ... und dieses symbolische Erstechen mit einem Rohrstengel, der Deinen Speer repräsentiert ... so wie es in den germanischen Texten ja in der Starkad-Mythe beschrieben wird ... ... Wann ist das entstanden?"

„Das kam spät ..."

... ...

„Ende der Völkerwanderungszeit?"

...

„Ja ... um diese Zeit, als ich mich stark verwandelt habe und zum Kriegsgott geworden bin und zum nordgermanischen Göttervater ... aber es gab auch schon Ansätze während der Völkerwanderungszeit ... denn alles, was stärker machen konnte, war in der damaligen Zeit sehr gefragt ..."

„Hm ... ist meine Überlegung, daß die Kampf-Ekstase der Berserker und der Ulfhedinn eine Weiterentwicklung der Schamanen-Ekstase ist – ist die richtig?"

„Weitestgehend ... es ist auch immer wieder mal vorgekommen, daß auch jemand ohne Vorkenntnisse in Kampf-Ekstase geraten ist – aber systematisch entwickelt haben das die Schamanen ..."

„Das heißt die Mysterien-Priester?"

„Ja ... wobei ich zu der Zeit schon Odin war ..."

„D.h. es gab die Unterscheidung zwischen Odin und Mysterien-Priester so wie bei den Kelten zwischen Cernunnos und den Druiden?"

„Ja."

„Und stimmt das, daß Cernunnos und Du sozusagen Parallelentwicklungen bei

Germanen und Kelten gewesen sind?"

„Das ist ausreichend präzise."

... ...

„Hat es auch die richtige Kampf-Ekstase als Tradition gegeben? Also als etwas, wovon man wußte, daß es das gibt, daß man das lernen kann oder daß das in Familien weitervererbt wird? ... Seit wann gab es das denn?"

„Seit der Völkerwanderungszeit ... da ist so was weiterentwickelt worden ... da war so was einfach wichtig ..."

„Diese Kampf-Ekstase wird ja auch schon von Cú Chulainn berichtet, der so'n bißchen was ein keltisch-irischer Nationalheld ist ... jedenfalls eine der Hauptfiguren im irischen National-Epos ... im Tain Bo Cuailnge ... Cú Chulainn ist eine Parallele zu Sigurd/Siegfried bei den Germanen – beide sind ursprünglich der wiedergeborene Sonnengott-Göttervater gewesen ... ... zu welcher Zeit haben die Druiden die Kampf-Ekstase gelernt?"

... ...

„Das ist in etwa dieselbe Zeit gewesen."

... ...

„Das heißt, in den Kriegen zwischen Kelten und Römern in den ersten Jahrhunderten nach Christus – da gab's die Kampf-Ekstase noch nicht?"

„Nicht in der Form."

„Hm ... ... ja ... Danke, Odin."

„Bitteschön."

„Ho!"

IX 2. e)   Vierte Traumreise zu Odin

Ich bin auf einer Wiese, auf der ich schon des öfteren gewesen bin, wenn ich nach Walhall wollte ... da hinten endet der Regenbogen, der Bifröst ... ich gehe dorthin ... und steige den Bifröst hinauf ... ...

Hm – sonst bin ich einfach immer hoch gelaufen, aber jetzt merke ich, daß ich Vertrauen in die Regenbogenbrücke brauche – sonst falle ich einfach durch nach unten ... aber das geht ...

Ich komm dann zu Heimdall ... ... er lächelt, er hat mich schon öfters gesehen ...

Da oben am anderen Ende des Regenbogens ist auch eine Landschaft, sag ich mal ... da ist auch Wiese ... da sind kleine Hügel, Gräben ... vor allem da links rüber ... da rechts ist der Platz, wo ich ein paarmal Freya getroffen hab ...

Da hinten links ist die Halle der Asen ... ja ... wahrscheinlich Walhall – ich bin mir da aber nicht so sicher, weil ich da bisher keine Einherier gesehen habe ...

Gut, ich geh da über diese Wiese ... ja, das ist ein bißchen wie'n Labyrinth, da sind lauter so Gräben – anderthalb Meter breit, zwei Meter tief – die sind aber auch mit Gras bewachsen als wenn die da schon ewig wären ... da läuft man teilweise drin lang ...

Und jetzt komm ich zu der Halle ... die ist auf der linken Seite nur ziemlich diffus zu sehen, vor allem links vorne – rechts hinten ist sie am klarsten ... komisch, daß das so'n Unterschied ist ...

Die hat mehrere Eingänge ... eigentlich ist das für diese Hallen nicht so richtig typisch – die haben meistens am Südende der beiden Längsseiten eine Tür ... diese Halle scheint an allen vier Enden der beiden Längsseiten eine zu haben – naja, hinten links evtl. keine ...

Ich schau mich um, ob mir jemand zeigen kann, wo ich lang gehen soll ... ... da ist niemand ... ich gehe rechts vorne rein, das scheint mir, ja, hm, am unauffälligsten zu sein ... hinten rechts reinzugehen wäre sehr auffällig – hm, warum auch immer ...

Ich öffne die Tür ... sie ist wie die ganze Halle aus Holz ... ... ich gehe da rein ... es ist ein bißchen dunkel hier an dem Ende – da hinten rechts ist es heller ... das da hinten ist auch der Ort in dieser Halle, an dem ich auch bisher immer gewesen bin ... wo der Kessel auf dem Feuer steht ... ...

Ah, jetzt habe ich Odin gefunden ... er sitzt da hinten in der Mitte vor der nördlichen Giebelwand auf seinem Hochsitz ...

Komischerweise trägt er einen Flügelhelm – das ist ja eigentlich nicht sonderlich typisch ... eigentlich gar nicht ... komisch ... Ist das ein Hinweis auf seinen Seelenvogel und somit darauf, daß er per Astralreise ins Jenseits reisen kann, daß er ein Schamane ist?

...

Er trägt zwar die Augenklappe über seinem linken Auge, aber irgendwie ist sie nur wie angedeutet, so als hätte er gleichzeitig nur ein Auge und doch zwei Augen ... das ist wie zwei überlagerte Bilder gleichzeitig ...

Ich hab 'ne gewisse Scheu da hinzugehen ... aber ... ja ... Er schaut mich an und ich weiß, daß ich willkommen bin ...

Schemenhaft sind da ... ja ... noch mindestens zwei Dutzend andere ... hm, ja ... wahrscheinlich Gottheiten in dem Raum ...

Ich geh zu Odin ... ja, ich bin ein bißchen ratlos ... wie ich ihn grüßen soll ... ich mach's einfach auf die indische Art: die Hände vor der Brust zusammenlegen und mich so leicht verneigen ...

Odin: „Komm."

„Wohin?"

„Zu mir."

Ich stelle mich rechts neben seinen Hochsitz, also rechts, wenn ich vor ihm stehend auf ihn schaue ... dann stehe ich links neben ihm (von Odin aus gesehen) *und gucke auch in die Halle ...*

Odin: „Komm zu mir.“

„Ehm ... in Dich hinein?“

„Ja – sonst bist Du nicht wirklich bei mir.“

„Ehm, na gut.“

...

Ich gehe mit meinem Bewußtsein in Odin hinein ... ...

Das erste, was ich spüre, ist dieses Kapitän-Gefühl, also die Dinge alle lenken, alles im Blick zu haben ... dafür zu sorgen, daß alles gut wird ... ... ich spüre auch die Stärke, die Odin hat ... und die Fähigkeit, überall hinzuschauen – auch an Orte in weiter Ferne oder in die Vergangenheit oder in die Zukunft ... ...

Ein großer Seufzer von mir ... ...

Hm ... er trägt ziemlich viel, auch viel Verantwortung ... aber es ist keine Last ... Es ist auch keine Dominanz und auch kein Macht-Ausüben ... Was ist das denn? ... ... Das hat was Väterliches ... etwas wohlwollend-Väterliches ... das einerseits allen ihre Freiheit läßt, aber ... wenn er sieht, daß etwas notwendig ist, daß er das dann auch durchsetzt ...

„Hm ... ... ich hab das Gefühl, da gibt es etwas Bestimmtes, Odin, was ich hier in dieser Situation tun sollte ... ... Es ist ein bißchen absurd irgendwie – es fühlt sich an, als sollte ich, wenn ich in Dir, in Deinem Bewußtsein bin, mir als dem Harry da da draußen vor Dir einen Segen geben ... ... Nehme ich das richtig wahr?“

„Wie fühlt sich das an?“

... ...

„Ungewohnt ... von dieser Art, einen Segen zu geben, habe ich noch nichts gehört ... das ist aber in sich schlüssig ... und ich hab das Gefühl, Du ... kannst etwas, bist etwas, hast etwas, was mir gut tun würde ... ... Magst Du mir einen Segen geben?“

... ...

Ich bin noch immer in Odins Bewußtsein, mit meinem Bewußtsein in Odins Bewußtsein ... gleichzeitig sehe ich mich da vor Odin stehen ... diese Doppelperspektive ist ein bißchen verrückt ... ja ...

Odin sagt zu dem Harry da draußen: „Komm näher.“

... ...

Was macht Odin da? ... ... erst dachte ich, er berührt den Harry mit der Hand, aber das tut er garnicht ... ... er stärkt was im mir ... und das macht er, indem er mich an irgendwas erinnert ...

... ...

... ...

... ...

Hm ...

... ...
... ...
... ...

Das, woran er mich erinnert ... ist etwas Selbstbewußtes, Kriegerisches ... was Tatkräftiges ... Unternehmungslustiges ... (anscheinend etwas Marsisches)

Jetzt ist etwas von unten nach oben geflossen in dem Harry da vor Odin ... in den beiden Lebenskraft-Kanälen Ida und Pingala, die aus dem Yoga bekannt sind ... das, was in den beiden Kanälen nach oben fließt, hat sich oben im Scheitelchakra getroffen ... das hat das, was da geschehen ist, besiegelt ...

Komisch – jetzt ist auf einmal klar, daß ich wieder aus Odin rausgehen soll ... gut, ich bin jetzt mit meinem Bewußtsein wieder links neben ihm (aus Odins Sicht links) ...

und dann wechsle ich wieder in den Harry, der da vor Odin steht ...

„*Danke, Odin ... ... Gibt es da noch etwas zu tun?*"

...

„*Das kommt drauf an, wie weit Du heute gehen willst.*"

...

„*Ich glaube, einen Schritt kann ich schon noch gehen, wenn er nicht zu groß ist.*"

...

„*Gut.*"

... ...

Ein Seufzer von mir ...

„*Ist das richtig, daß ich hinten rechts aus der Halle hinausgehen soll? ... Und dann ein Stück da in die Hügel-Landschaft hinein gehen soll?*"

„*Du kannst es so machen – Du kannst Dich auch einfach hier, wo Du bist, setzen ... und das, was da ist, rufen.*"

...

„*Das fühlt sich ... tja ... hier fühlt es sich geschützter an, da draußen fühlt es sich klarer an ... Gibt es eine Wahl, Odin, die aus Deiner Sicht vorteilhafter wäre für mich?*"

...

„*Rausgehen.*"

„*Ja, gut, dann tue ich das.*"

Ich gehe raus aus der Halle ... gehe dann ein Stück in die Hügel hinein ... ... und ich hab das Gefühl, da ist irgendwo ein Drache ... ... da ist auch ein Drache – der ist garnicht weit vor mir ... der ist nur ziemlich klein, so wie ... drei Eidechsen hintereinander ... ...

„*Warum bist Du so klein?*"

...

Ich setz mich in den Schneidersitz vor den kleinen Drachen ...

Drache: „Weil Du so langsam bist ... und so zurückhaltend ...“

Ich: „Das klingt, als hättest Du was mit meiner Kundalini zu tun?“

„Ja ... aber nicht nur.“

„Was bist Du denn noch?“

...

Oh – jetzt ist der Drache auf einmal ziemlich groß geworden ... ja, wie groß ist der denn ... ich weiß gar nicht ... acht Meter lang, vielleicht noch mehr ... ...

„Ich dachte einen Augenblick lang, daß Du der Drache des Tyr, also Tyr als Drache in der Unterwelt bist, aber ... so ganz stimmt das nicht ... ... Bist Du ein Drache, der mit dem Herzchakra verbunden ist?“

...

Ich spüre, daß da ein 'ja' kommt ... ... Ich habe das Bild von diesen germanischen Meditieren, die auf den Ritual-Eimern sind und auf diesen Metallbeschlägen – die im Schneidersitz sitzen mit dem Sonnenzeichen auf ihrer Brust ... ...

Ich ... sitze ja auch schon im Schneidersitz ... ich lege meine Hände zum Meditieren in den Schoß ... ... und ich wecke mein Herzchakra, das ist wohl richtig ... ...

Der Drache läuft im Kreis um mich ... gegen den Uhrzeigesinn ... es ist ... das fühlt sich an ... wie ein Tanz, obwohl er eigentlich keine Tanzbewegungen macht, aber es ist ein Gefühl wie ein Tanz ... und der Drache ... der hat garnicht so richtig einen Anfang und ein Ende, das ist wie ... wie'n Kreis um mich ... merkwürdig ... ...

„Drache? Soll ich was Bestimmtes tun? Das fühlt sich so an ...“

„Öffne Dich.“

Ich lege meine Hände mit den Handflächen nach oben auf meine Oberschenkel ... und öffne mich innerlich ... der Drache kommt in mich hinein und kriegt dabei ... ja ... eine Größe, sodaß das paßt ... der hat wie zwei Gestalten gleichzeitig: eine von unten nach oben wie die Kundalini ... und einmal ein Kreis ums Herzchakra, das ist wie, ja, wie Draupnir, wie Andwarinaut, wie Brisingamen, wie Fullas Haarreif ... das ist ... jetzt ist da das Sonnenzeichen auf meiner Brust ... der Kreuz-Kreis, die Swastika ...

„Wie kannst Du beides gleichzeitig sein? Der senkrechte Lebenskraft-Fluß und das Strahlen des Herzchakras, des Sonnenchakras?“

...

„Ich bin.“

...

„Ja ... da gibt's wohl immer noch einiges zu verstehen über den Zusammenhang zwischen der Kundalini und dem Herzchakra ...“

„Ja, so ist es. Spür dem nach.“

... ...

„Das fühlt sich an wie die Kombination aus Selbstgewißheit und Tatendrang ... Selbstgewißheit im Herzchakra und der Tatendrang ist der Fluß der Kundalini ...“

128

„Das ist Leben ..."

„Ist das das, was Du mir zeigen wolltest?"

„Ja."

...

„Danke."

„Und – möchtest Du da bleiben, wo Du bist?"

„Ja – bist Du meine Lebenskraft?"

„Nein."

„Was bist Du denn dann?"

„Ich bin ein Bild von der Kundalini an sich – ich bin nicht Deine Lebenskraft ... ich bin <u>die</u> Lebenskraft ..."

„Und Du bist jetzt mit mir verbunden ... das fühlt sich gut an ... ... Danke!"

... ...

Ich kehre zu Odin zurück ... Odin spricht gerade mit Loki und Hönir ... hm, ja gut, die drei sind ja in den Mythen des öfteren mal zusammen unterwegs ... ...

Komisch, plötzlich redet Odin ganz anders ... er guckt mich an und meint „Na? Hat's geklappt?"

Ich nicke.

Odin: „Das ist gut – für Dich ... und das ist gut als Inspiration für andere."

...

„Hm ... ich hatte garnicht geplant, eine Inspiration zu sein ... aber, ja ... wenn ich das dadurch sein kann kann, daß ich bin, was ich bin ... dann ist mir das recht ... ... Gibt es noch etwas zu tun, Odin?"

...

„Ich denke, Du kannst noch öfter mal herkommen."

„Ja, gerne ... ... Danke, Odin!"

„Bitte."

...

Ich verneige mich so'n bißchen vor ihm – irgendwie fühlt sich das einfach passend an ... dann gehe ich wieder an das Südende der Halle und geh da hinaus ... ...

Ich gehe zu Heimdall ... er lächelt mir leicht zu – ich lächle zurück ...

Dann gehe ich wieder den Bifröst runter ... ehm ... ich merke gerade, daß man den wie 'ne Rutschbahn benutzen kann ... das habe ich ja bisher noch garnicht bemerkt ... hm, ja gut ... das gefällt mir ... dafür, daß das eine so lange Rutschbahn ist, ist das unten eine ziemlich sanfte Landung ...

Dann gehe ich wieder zu dem Ort, an dem ich hier in der Traumreise angekommen bin ... auf der Wiese ... ein Stück entfernt von dem Anfang des Regenbogens ... und kehre wieder zurück ...

„Ho!"

X Hymnen an Odin

Vor Meditationen oder in Ritualen sind Hymnen und ähnliche Gedichte an die Gottheit, über die man meditieren oder die man invozieren (in sich hineinrufen) will, eine große Hilfe. Über die germanischen Götter gibt es jedoch kaum geeignete überlieferte Verse für diesen Zweck.

Am sinnvollsten ist es, wenn man solche Anrufungen improvisiert. Bevor einem das gelingt, wird man in der Regel erst einmal bereits existierende Verse auswendiglernen und benutzten und dann eigene Anrufungen schreiben und benutzen.

Die folgenden Verse sind als Anregungen zum Verfassen von eigenen Versen gedacht; sie sollen auch keine Kunst sein – sie sind sozusagen „Gebrauchslyrik".

Der Stil ist grob an die germanischen Skaldenversen angelehnt. Der Skaldenstil ist zwar förderlich für die Grundstimmung der Verse, aber die Anrufungen funktionieren auch bei einem anderen lyrischen Stil.

Die Ansichten, die in den folgenden Hymnen beschrieben werden, sind natürlich zunächst einmal einfach meine eigenen Ansichten – wenn man eine andere Auffassung der betreffenden Gottheit oder des beschriebenen Sachverhaltes vorzieht, sollte man die Stelle daher fortlassen oder umschreiben.

X 1.   An Odin

Das Thema dieser Verse ist der Tod eines Freundes.

Totenfeuer flammen hier in finst'rer Nacht
denn der mir lieb war ließ sein Leben
ich sitz' schweigend hier – sein Auge schloß der Tod
und meines Herzens Trauer sucht nun Trost

auf dem Kuhfell sitzt ich jetzt am Kreuzweg
in Kummer harrend dem, der kommt
Odin, sei in meinem Aug' beim Utiseta[1]
öffne mir den Blick für das, was mir verborgen ist

Sleipnir schreitet auf der Bifröst-Brücke
Odin kreuzt den Fluß in kaltem Wind
Walvater[2] geht den Weg zur Hel
ich folge zögernd seinen Fersen

Der Weise geht den Weg in dunkler Klamm
folgt dem Fluß an den drei Wurzeln Yggdrasils
Der Bergbewohner[3] bringt mich zu dem Felsentor[4]
zu dem hin nur der Bärengott[5] gelangt

---

1   Beim Utiseta („Draußensitzen") setzte man sich des Nachts auf das Fell einer frisch
    geschlachteten Kuh und rief die Toten. Das Kuhfell symbolisiert die Muttergöttin in
    Kuhgestalt. In ein solches Fell hüllte man in Mesopotamien und im frühen Ägypten die
    Toten, damit sie sich schon in der Muttergöttin befanden, um dann gleich bei der Ankunft
    im Jenseits wiedergeboren werden zu können. Dieser Brauch hat sich im Schamanismus
    bei den Druiden, bei den Germanen und bei den ägyptischen Sem-Priestern im
    Zusammenhang mit der Jenseitsreise erhalten.
2   Walvater: Odin, der die Gefallenen auf dem Schlachtfeld für die Reise nach Walhalla
    erwählt; ursprünglich der Jenseitsführer für alle Toten
3   Bergbewohner: Odin als Ase in Asgard
4   Felsentor: Eingang in die Unterwelt Hel, „Höllentor"
5   Bärengott, Bären-Ase: Odin als Schamanengott mit dem Großraubtier; Gott der Berserker

ich folg' Dir, Graubart, durch das Felsenloch
doch dort ist nicht Hels Halle[6], dort sind Freyas Felder
des Freundes Fylgia[7] steht dort ganz vertraut
der Tote reicht dem Trauernden die Hand

spricht zum Sohn des Borr[8], daß er im Lichtland[9] bleibt
und daß er Segen sendet, wenn ich zu ihm schrei'
daß er kommen wird in jüngerer Gestalt
durch die Geburt zu neuem Lebensgang[10]

der Rabenase rüstet sich zur Rückkehr
rasch verläßt er schon das Jenseitsufer
der Graue gibt mir gern die Hand
hilft mir, seine Barke zu besteigen

Lokis Bruder[11] löste meinen Gliedern alle Fesseln
die im Innen tief verborgen waren
der Bären-Ase lehrt mich Tanz und Atem
und zu rufen uns're alte Kraft

den Wolf erwecken und die Schlange rufen
mit dem Bären neue Wege wagen
und im weiten Tal den Drachen tanzen
bis der Goldene[12] mein Herz dann ganz und gar erfüllt

---

6 Hels Halle / Freyas Felder: Beides ist das Jenseits, die „Apfelbaumwiesen" – nur ist das Hel-Bild dämonisiert worden, als im Zusammenhang mit dem Übergang zum Königtum das Jenseits zunehmend an den Himmel versetzt worden ist; der Himmel ist nun für die „Guten" und die „Hölle" ist nun für die „Bösen", wobei Himmel und Erde als Bild für das Jenseits lange gleichberechtigt nebeneinanderstanden, wie auch die Opferungen in den Seen und Sümpfen zeigen, die das Jenseitstor waren.

7 des Freundes Fylgia: die Seele des Verstorbenen, der der Jenseitsreisende hier begegnet (ähnlich wie bei Nahtod-Erlebnissen)

8 Borrs Sohn: Odin

9 Lichtland: das Jenseits, das in Visionen als sehr strahlend erlebt wird

10 neuer Lebensgang: Reinkarnation; der Tote geht seinen eigenen Weg, aber er kann dem Lebenden einen Segen senden, wenn er darum gebeten wird

11 Lokis Bruder: Odin, der Lokis Blutsbruder ist

12 Goldener: Odin (Odins Goldhelm, den er von Tyr übernommen hat)

Hänge-Tyr[13] und Himmelsherr
Herr von Hlidskjalf[14], Herr der Erde
Graubart, Gabenspender
Galgengott, der Menschen Gönner

Langbart, Zauberlehrer
Du verleihtest mir das Wecken meines Herzens
gibst mir Wuot, gibst mir Utiseta
gewähr' mir meine Fylgia zu seh'n

Seelenführer, Sonnen-Ase, ich will
den Menschen ihre Seele, ihrer Mitte zeigen
Hochstirn[15], Herzerwecker, ich will
der Menschen Leben in Fülle wieder fließen lassen

Flammenauge[16], Asengott in vielerlei Gestalt
träumend-wach auf Deinem Thron
siehst Du der Welten ganze Weite
hörst der Raben Rufe, weithin blickend

Wolfsgott, Vilis Bruder
mit Geri geht der Graue hin zu Utgards Bergen
und Vielwiss folgt dem Freki zu der Esche[17] Wurzeln
er will dort mit den Zwergen Zwiegespräche halten

Freund des Mimir, Du sahst Mundilfari[18]
mühsam dreh'n die Weltenachse
Windgott, Wunscherfüller,
Du weißt, wohin die zwölf Flüsse[19] fließen

---

13 Hänge-Tyr: Odin im Selbstopfer am Weltenbaum
14 Herr von Hlidskjalf: Odin auf seinem Sehersitz
15 Hochstirn: Odin als weiser Gott
16 Flammenauge: Odin; bezieht sich wohl auf seinen alles durchdringenden Blick
17 Esche: die Weltesche Yggdrasil
18 Mundilfari: Riese, der die Weltachse dreht, d.h. der das Kreisen der Sterne um den Polarstern verursacht; seine Kinder sind die Sonne und der Mond
19 zwölf Flüsse: die zwölf Flüsse, die der Quelle Hvergelmir zwischen den Wurzeln des Weltenbaumes entspringen

Wildniskenner, Wettergott
Du kennst das Tier in jedem Midgard-Wanderer
Du weckst Kralle, Flügel, Fell in allen Heimdallssöhnen
Du rufst die Kraft der Wälder in den Tanz der Töchter

Gandir-Ase, Seidir-Gott
lehr' mich gold'ne Tränke brauen
Met zu kochen leuchtend wie die Milch der Freya
voll Alben-Segen wie die Äpfel Iduns

Sohn der Bestla, der die Priester in den Schlaf versetzt
der sie den Leib verlassen läßt
daß sie den ganzen Weltkreis seh'n
daß sie des Lebens Wesen ganz erfassen

Speergott, Ase mit bemaltem Schild
gib mir feste Hand und festen Fuß
in der Schwerter wildem Sturm
und gib mir noch mehr, den Frieden stets zu wahren

Vater aller Heere, Ase mit dem Helm
hilf mir nicht zu rasch das Horn zu blasen
sondern ruhiges Wort zu sprechen
und mit Bedacht das ganze Leben rings zu schützen

laß mich ein kühner König werden
doch einer, der das Herz zu seinem Weg erkor
laß mich stets Ymirs Leib[20] in allem spüren
und mich als Schritt in Deinem Tanz[21] erleben

Allvater, gib mir Augen
die das Offene und das Verbor'gne seh'n
Schutz-Herr, laß mich hören
was verborgen in den Worten spricht

---

20 Ymirs Leib: die ganze Welt wurde aus dem Leib des Urriesen Ymir erschaffen, weshalb alle Dinge miteinander verwandt sind

21 Schritt in Deinem Tanz: eine recht freie Interpretation von Ymir als noch immer in allen Dingen lebendiges Wesen; man kann den Tanz auch als Odins Ekstasetanz ansehen, durch den er die Lebenskraft in allem erlebt – was in diesem Bild aber letztlich mit „Ymir in allem" identisch ist

Adler-Ase, Freund der strahlenden Altäre
laß das Leben fließen in den Menschen
wie Ratatoskrs Lauf[22] am Weltenbaum
wie die hohe Woge Hvergelmirs[23]

Hoher Gautar, Gunnlöds Last
Mische Gaben für die Menschen
Met den Skalden und den Urd-Trank für die Weisen
daß sie würd'ge Worte für Dich finden

---

22 Ratatoskrs Lauf: das Eichhörnchen „Nagezahn", das in der germanischen Mythologie am
   Stamm des Weltenbaumes zwischen dem Adler im Wipfel und der Schlange zwischen den
   Wurzeln hin- und herläuft, kann man als ein Symbol der fließenden Lebenskraft auffassen
   – dann wäre der Adler das Scheitelchakra, der Drache das Wurzelchakra (Kundalini), der
   Stamm die Sushumna und das Eichhörnchen der Fluß der Lebenskraft der erwachten
   Kundalini
23 die Woge Hvergelmirs: Die Quelle unter dem Weltenbaum, die die Fülle des Lebens
   darstellt; die Quelle ist dabei das Zentrum, die Sonne, während die zwölf Flüsse die Aura,
   der Tierkreis sind.

X 2.   Odin, Hönir und Loki

Über Odin und Loki wird in der Lokasenna berichtet, daß sie Blutsbrüder sind. Dies ist die einzige Blutsbrüderschaft unter den Asen. In der Lokasenna spricht Loki: *„Gedenkt Dir, Odin, wie in Urzeiten wir / Das Blut mischten beide? / Du gelobtest, nimmer Dich zu laben mit Trank, / Würd' er nicht uns beiden gebracht."*

Das folgende Lied spielt um ca. 450 n.Chr., als Tyr noch der Göttervater der Nordgermanen gewesen ist und Odin der Göttervater der Südgermanen − und Odin die Absetzung des Tyr „geplant" hat.

Odin:
„Folge mir, Hönir, Ase der Hähne,
ich brauche hurtig Deine Hilfe
− und sei schweigsam, schneller Ase,
nur in der Stille entsteht das Große."

Hönir:
„Was willst Du tun, Regin-Rater?[24]
Wohin wandern wir allein?
Zu Yggdrasil, zur Irminsul[25]?
Was ist Dein Begehren, Gestumblindi[26]?"

Odin:
„Warte, wir werden hier nicht alleine weilen,
noch Gast wird von Utgard kommen,
ein Bewohner der Jenseits-Berge[27]
− schau, da naht er schon."

Loki:
„Weiten-Wanderer, Jenseits-Kenner,
warum hast Du mich hergerufen?
Was soll der alte Asen-Priester hier?
Listenreicher[28], was ist mein Lohn?"

---

24 Regin-Rater = Odin; Odin ist der Ratgeber der Regin (= Götter)
25 Irminsul = Weltensäule
26 Gestumblindi = „blinder (einäugiger) Gast" = Odin
27 Jenseits-Berge = Hügelgräber, Unterwelt
28 Listenreicher = Odin; sowohl Odin als auch Loki sind listige Götter, auch wenn sie ein

Odin:
„ Du kämpfst jedes Jahr mit Tyr,
besiegst den Schwertgott,
rufst immer wieder den Winter,
schneidenden Wind und Schnee.

Bis der Diar[29] wieder Dich besiegt
und den Sommer erschafft,
und Eis schmilzt und schwindet,
Blumen, Bäume, Felder blühen.

Willst Du nicht ein Ende dieses Waffen-Lärmes?
Willst Du nicht der Herr und Sieger sein?
Für immer gefeit gegen den Finger des Tyr[30]?
Würde Dich der Lohn nicht locken? "

Loki:
„ Du versprichst mir viel, Valfödr[31],
kann ich Dir trauen, Thundr[32]?
Was ist Dein Vorteil, Vafudr[33]?
Planst Du Verrat, o Vidur[34]? "

Odin:
„ Ich will der Asen-König in Asgard sein,
dort, wo jetzt Sonnenschwert-Gott[35] herrscht.
Wir wollen dasselbe: seinen Sturz.
Darum sollten wir zusammen siegen. "

---

verschiedenes Temperament haben
29 Diar = Tyr; Priester des Tyr
30 Tyrfinger = Name des Tyr-Schwertes
31 Valfödr = „Walvater" = Vater der in der Schlacht Getöteten
32 Thundr = „Mächtiger" = Odin
33 Vafudr = „Wind" = Odin
34 Vidur = „Töter" = Odin
35 Sonnenschwert-Gott = Tyr

Loki:
„Wie kann ich Dir trauen, Trügerischer?
Erst Tyr, dann ich? Ist die Tat in Deinem Herzen?
Lieber neun Monde[36] mein und dreie sein
als niemals mehr der König Nidud[37] sein!"

Odin:
„Ich ahnte, daß Du mir nicht glaubst,
drum bin ich mir Hönir hergekommen;
ich biete Dir, Brüder zu werden,
Blut mit Blut im Eid zu mischen."

Loki:
„Ach, dafür ist der Schwächling da!
Ich sehe, Du hast die List schon recht bedacht!
Ich bin dabei. Ich kämpfe mit Dir.
So laß Hönir seine Sprüche sprechen!"

Hönir:
„Höre mich, Jörd, höre, Mutter Erde.
Ich löse den Gras-Soden vom Grund,
den langen Streifen von der Haut des Landes,
daß er zum geweihten Toten-Tor werde.

Odin, reich' mir den glänzenden Gungnir[38] her,
den Runen-beschriebenen Rater-Stab,
daß ich mit ihm den sandigen Soden erhebe,
ein Mann hoch, zwei Männer breit.

Odin, nimm diesen Dolch
und ritze Deine hürnene Hand,
lasse das Blut zu Boden tropfen,
in dem Eingang zur Erde[39].

---

36 neun Monde = Loki herrscht in den neun Wintermonaten, Tyr in den drei Sommermonaten
37 Nidud = „Tiefe" und auch „der in der Tiefe (Unterwelt)" = Loki
38 Gungnir = „Schwankender" = Odins Speer
39 Eingang zur Erde = die freiliegende Erde unter dem Grassoden-Tor

Loki, nimm mein Messer,
schneide dich unter Deine flinken Finger,
das das Rote niederrinnt
und Teil der schönen Skadi[40] wird.

Kniet euch nieder unter dem Tor der Nott[41]
legt eine Hand auf Herche[42],
die euer beider milde Mutter ist,
reicht euch rasch die andere Hand.

Nun sprecht, was ihr versprechen wollt.
Mutter Jörd lauscht jedem von euch.
Die Asen und die Alfen werden eure Worte wissen,
wenn ihr gleich unter das Erdband geht[43]."

Odin:
„Ich, Odin, werde keinen Trank trinken,
der nicht auch Loki laben wird.
Ich werde ihn rächen wie meinen Bruder
wenn ihn jemand bedroht und bedrängt."

Loki:
„Ich, Loki, werde keine Speise kosten,
die nicht auch Odin nähren wird.
Ich werde ihn rächen wie meinen Bruder
wenn ihn jemand bedroht und bedrängt."

Loki:
„Dann komm, laß uns den Kampf beginnen!
Auf nach Asgard, zu dem Asen mit dem Schwert!
Möge er auf immer das Licht des Tages missen
und in der heimatlos in Hel verhungern!"

---

40 Skadi = Erdgöttin, Landesgöttin von Skandinavien
41 Nott = Göttin der Nacht und des Jenseits
42 Herche = Erdgöttin
43 unter das Erdband gehen = Redewendung für „Blutsbrüder werden" (Erdband = der
   emporgehobene Grassoden)

Odin:

„Wir werden gemeinsam mit Thor gegen ihn gehen,
ihn entthronen, vor die Türe setzen,
der Gott des Hammer[44] wird mit uns sein Heim erstürmen
und wir werden ihm Tempel und Totentor nehmen.

Heute Abend beim Mahl von Midgards Herrscher[45],
wird sein Schwert schallend zerbrechen,
wird er gellend vom Thron gestoßen,
wird ich Asgards Asen-König werden!"

---

44 Hammergott = Thor
45 Midgards Herrscher = Tyr (bis zu seiner Absetzung)

XI Odin im eigenen Leben

Wenn man sich nun die Frage stellt, was Odin in der heutigen Zeit bedeuten könnte, dann sind zunächst seine Rolle als „spiritueller Therapeut" und als Lehrer für die Astralreise und Helfer bei Familienaufstellungen offensichtlich.

Bei genauerem Betrachten fallen bei Odin aber auch einige Qualitäten auf, die bedenkenswert sind. So ist Odin z.B. gleichzeitig der spirituelle und der politische Führer – und im allgemeinen sind zumindest in den westlichen Kulturen heute die politische und die spirituelle Autorität jedoch getrennt worden, um die persönliche Freiheit sicherer zu gewährleisten. Bei einen starren, dogmatischen spirituellen System ist diese Trennung von Religion und Politik ein großer Vorteil, weil sonst das spirituelle System das gesamte Leben der Menschen prägen und die individuelle Freiheit drastisch einschränken würde.

Wenn jedoch die Religiösität frei und voller Wertschätzung für die Individualität und zugleich für die globale Kooperation wäre, dann wäre der Einfluß einer solchen Religiösität ein Segen für die Politik.

Wenn Odin also diese Blickweise als neue Qualitäten hinzugewinnen würde, könnte er auch ein Urbild für die ökologisch-spirituelle Epoche der Verantwortung und des Vertrauens und des „erwachsenen Verhaltens", die gerade beginnt, werden. In Odin ist schon die altsteinzeitliche Epoche durch den Schamanismus vertreten, die jungsteinzeitliche Epoche durch die Vergöttlichung des Schamanen zu Odin, die monotheistische Epoche des Königtums durch seine Funktion als Königs- und Kriegsgott und die materialistische Epoche findet in ihm mühelos einen Platz, wenn man seine Fähigkeiten mit den modernen therapeutischen Methoden in Verbindung setzt. Es fehlt Odin daher nur noch die Haltung des Erwachsenen, der für das Ganze Verantwortung trägt und auf das Ganze vertraut, um rund und „up to date" zu werden.

Epoche	Kultur	Biographie	Odin
Altsteinzeit	Jäger und Sammler	Baby: orale Phase	Schamane
Jungsteinzeit	Bauern	Kleinkind: anale Phase	Schamanengott
Königtum	komplexe Arbeitsteilung und Organisation	Kind: phallische Phase	Königsgott
Materialismus	Wissenschaft und Technik	Pubertät: genitale Phase	Therapeuten-Urbild
Heute	Globalisierung und Individualität	Eltern: parentale Phase	Vorbild für Integration und Individualität

Ob sich Odin allerdings zu einem solchen Bild und zu einem solchen Gott weiterentwickeln wird, wird sich erst noch zeigen. Die Möglichkeit besteht, aber sicher ist es nicht.

Falls eine solche Entwicklung stattfinden sollte, ist anzunehmen, daß auch Odins Ähnlichkeit mit anderen Gottheiten deutlicher hervorgehoben werden wird, in deren Mythologie die Jenseitsreise und somit die Selbsterkenntnis eine wichtige Rolle spielt wie Buddha, Christus, Krishna, Shiva, Osiris und viele andere. Diese Gottheiten werden dann als Varianten eines einzigen Urbildes, als verschiedene Darstellungen eines Zusammenhanges deutlich werden.

Andererseits wird es wahrscheinlich im Wesen der derzeit beginnenden neuen Epoche liegen, daß neben dieser Betrachtung des Allgemeingültigen und der alles umfassenden Zusammenhänge auch die Individualität deutlicher werden wird. Auffällig bei Odin sind zugleich zwei Charakterzüge:

Zum einen ist er einer der sehr wenigen „echten" Schamanengötter, der daher selber aktiv ins Jenseits reist und dort handelt. Diese Schamanengöttern sind leicht mit den ihnen sehr ähnlichen vergöttlichten Ahnen zu verwechseln, in deren Mythen auch das Thema von Tod und Wiedergeburt auftritt.

Andere Gottheiten, von denen eine aktive Jenseitsreise bekannt ist, sind vor allem die sumerische Göttin Inanna-Ischtar und die griechische Demeter – wobei es sich in beiden Fällen um die Muttergöttin handelt, die selber die Aufgaben des Schamanen übernommen hat. Lediglich der römische Janus und der griechische Halbgott Orpheus sind im europäisch-kleinasiatischen Bereich Schamanengötter wie Odin.

Zum anderen ist Odin nicht nur der Schamanengott, sondern auch der Königsgott. Der Korngott ist häufig auch der Königsahn geworden so wie z.B. der äygptische Osiris oder der sumerische Dumuzi, aber die Verbindung eines Schamanengottes und eines Königsgottes findet sich eigentlich nur bei Odin, der daher für die weitere Entwicklung zu einem aktiven Gestalter in einer neuen Epoche gute Voraussetzungen besitzt.

Die größte Ähnlichkeit mit Odin besitzt Christus, der einerseits auch die schamanische Symbolik der Jenseitsreise besitzt und zum anderen als Herrgott auch der Herr der Welt ist, und als dessen Beauftrage auf Erden sich lange Zeit die abendländischen Könige ansahen. Von der Mythologie her steht Christus allerdings Osiris und Dumuzi näher, da auch Christus wie diese beiden Götter als Toter in das Jenseits reist und nicht als Schamane wie Odin.

Letztlich hängt die mögliche Weiterentwicklung Odins davon ab, ob und wie Menschen einen Zugang zu Odin finden, ob sie durch ihn Inspiration erlangen können und durch ihn sich selber und unsere heutige Kultur weiterentwickeln können und wollen.

Die Zukunft Odins hängt also davon ab, ob man ihn um Hilfe dabei bittet, zu lernen, für das eigene Leben Verantwortung zu übernehmen und für das eigene Leben Vertrauen zu finden und dadurch seinerseits dem Wesen des Odin einen neuen Charakterzug hinzufügt, der ihn dann zu einem Gott mit einer nicht nur religionshistorischen Bedeutung in der derzeit beginnenden Epoche werden läßt.

Eine solche Entwicklung ist nicht selbstverständlich und sie ist auch nicht unbedingt für die Weiterentwicklung unser Kultur notwendig, aber sie ist möglich und sie könnte hilfreich sein.

Wenn diese Entwicklung stattfinden wird, wird sie stattfinden, weil sich viele Einzelne auf die Suche nach einem lebenswerteren Leben machen und dabei Odin begegnen oder ihn gezielt aufsuchen und um Unterstützung bitten.

Einen großen Schritt in diese Richtung hat sicherlich J.R.R. Tolkien gemacht, der durch Gandalf das Bild des Odin in eine warme, menschliche und menschenfreundliche Richtung weiterentwickelt hat.

Wer weiß, welche Entwicklung das Urbild, da sich in Odin ausdrückt, noch vor sich hat …

Wenn Odin in Zukunft nicht nur von historischem Interesse sein soll, wird es notwendig sein, daß sich das Odin-Bild weiterentwickelt. Dies ist nicht unbedingt ein Widerspruch dazu, Odin als reale Gottheit aufzufassen – nur sind Gottheiten wie alle Dinge in unserer Welt veränderlich.

Wenn man sich die Geschichte des Odin anschaut, hat es auch schon viele Veränderungen gegeben, so z.B. seine Weiterentwicklung zum Kriegsgott, durch die er z.B. auch seinen früheren Stab gegen einen Speer eingetauscht hat. Warum sollte die Beschreibung von Odin um 1.200 n.Chr. die „Richtige" sein und nicht die vor der Völkerwanderungszeit, als er noch seinen Stab trug oder eine noch frühere Version? Auch Götter haben eine Biographie …

Und diese Biographie entwickelt sich durch die Menschen weiter. Wir haben uns viele Bilder und Vorstellungen über die Welt gemacht – und diese Vorstellungen und Bilder sind auch durchaus mit Realität gefüllt und funktionieren im Alltag. Aber trotzdem verändern wir unsere Bilder immer wieder und alte Welterklärungen werden immer wieder einmal zu einem kleinen Teil, zu einem Sonderfall in einer neuen, umfassenderen Welterklärung. Auf dieselbe Weise entwickeln sich auch innere Bilder weiter … selbst Gottheiten.

Gottheiten sind eine menschliche Beschreibung der Welt, aber diese Beschreibungen berühren auch die Wirklichkeit und haben daher auch eine Realität für uns – das, was wir aufgrund unserer Beschreibungen der Welt tun, hat konkrete Folgen. Die Götter sind unsere Beschreibungen der Innenseite der Welt – aber diese Innenseite existiert und wir beschreiben etwas tatsächlich Vorhandenes. Es ist vielleicht etwas ungewohnt, diesen „wissenschaftlichen" Blickwinkel auch auf das anzuwenden, was sich im Bereich des Bewußtseins abspielt, aber er gilt auch dort: Wir versuchen die Götter zu erkennen und machen uns Bilder von ihnen und diese Bilder nähern sich im Laufe der Zeit immer mehr dem an, was sie tatsächlich sind – und möglicherweise verändern sie sich auch dadurch, daß wir uns mit ihnen beschäftigen …

Der Chemie-Nobelpreisträger Nils Bohr hat diesen Vorgang anschaulich beschrieben: „Wissenschaft ist der Weg vom größeren zum kleineren Irrtum."

Es gibt in der menschlichen Entwicklung mehrere deutlich unterscheidbare Erlebnisebenen, die den großen religiös-kulturellen Epochen entsprechen, wobei jede Ebene immer auch die Grundlage und ein Bestandteil der neu entstehenden Ebene bleibt:

Epoche	Erlebnisweise	Strukturierung	Phase der Psyche
Altsteinzeit	direktes persönliches Erleben	Assoziationen	oral
Jungsteinzeit	Mythologie	Analogie	anal
Königtum	Einmaligkeit	Zentralisierung	phallisch
Materialismus	Forschung	Analyse	genital
heute	Integration	Synthese	adult

Einige Eigenschaften Odins müssen sich daher weiterentwickeln, wenn er zu einem lebendigen Bild in der heutigen Zeit werden soll. Diese Entwicklung geschieht durch das, wonach die Menschen suchen, durch das, was sie in Visionen erleben, und dadurch, daß sie sich gegenseitig diese Visionen erzählen, durch das, was sie verwirklichen, durch die Zusammenhänge, die sie entdecken … Es ist also ein kollektiver

Vorgang, durch den sich das Bild Odins allmählich verändern kann. Und dieser Vorgang entsteht nicht hauptsächlich im Verstand, sondern vor allem im eigenen Streben nach einem glücklichen Leben und in den eigenen Visionen von Odin.

Auch die uns in der Edda überlieferten germanischen Mythen sind durch solche Visionen entstanden wie die, die z.B. von Gylfi in der Gylfaginning berichtet wird.

Eine der Eigenschaften Odins, die dringend einer Weiterentwicklung bedürfen, ist seine kriegerische Seite. Krieg ist heute noch sehr viel weniger als früher ein sinnvolles Konfliktlösungsmittel. Die Aussage von Feldmarschall Moltke aus dem 19. Jahrhundert, daß „Krieg die Weiterführung der Politik mit anderen Mitteln ist", wird zwar noch immer von einigen Politikern so gesehen, aber angesichts der heutigen technischen Möglichkeiten ist hier ein Umdenken dringend nötig.

Es ist vor allem die Möglichkeit der Selbstvernichtung der Menschen, die diese Veränderung im Odin-Bild erfordert. Aus der militärischen Stärke, die durch Odins Speer symbolisiert wird, muß eine innere Stärke werden, also Bewußtheit, Zivilcourage, Mut zu ungewöhnlichen Lebensweisen, Verantwortungsgefühl für das Ganze und ein Vertrauen auf das Ganze – letztlich also eine positive Variante der Globalisierung. Mit dieser Entwicklung ist nun keineswegs Schwäche gemeint, sondern nur ein umfassenderes Bewußtsein für die Folgen des eigenen Handelns und das sich daraus ergebende neue Verhalten.

Dazu ist individuell die Heilung des eigenen Umgangs mit der eigenen Kraft nötig: Aus der Aufspaltung in Macht und Ohnmacht, aus Täter und Opfer, aus der Dominanz über die eigene Umgebung (Lebenskraftstau im Hara) oder der völligen Außenorientierung (Lebenskraftstau im Dritten Auge) muß durch Heilung und Integration wieder eine fließende, tanzende und in sich selber im eigenen Rhythmus ruhende Lebendigkeit werden.

Dann könnte aus „Odin dem Speerwerfer" ein „Odin der Tänzer" und ein „Odin der Streitschlichter" werden – immerhin hat er ja schon die Not-Rune gefunden, die auch schon die Germanen für die „gewaltfreie Kommunikation" und für die Heilung der Folgen einer aggressiven Kommunikation benutzten. Und von einem Berserker zu einem „Lebensfreudetänzer" ist es gar nicht so weit …

Im Zusammenhang damit könnte auch aus „Odin dem Götterfürst der Germanen", der nur für das Wohl der Germanen sorgt, vielleicht ein Gott werden, über den auch „internationale Mythen" entstehen und der in diesen Mythen mit dem keltischen Dagda, dem ägyptischen Osiris, dem indischen Shiva, mit Christus, dem westafrikanischen Obatale, dem mittelamerikanischen Xipe Tlalok, mit Krishna und Mohammed an einem runden Tisch sitzt …

Ein anderer Aspekt der germanischen Mythen wird bei einer solchen Weiterentwicklung ebenfalls einer Veränderung bedürfen. Dies ist das Prinzip der Einmaligkeit, das immer dann auftritt, wenn das Fürstentum oder das Königtum zur prägenden Vorstellung wird. Aufgrund der Einmaligkeit und der zentralen, alles lenkenden Stellung des Königs entwickelt sich die Göttervielfalt in einem Königtum nach und nach immer zu einem Monotheismus.

Dabei werden auch alle zyklischen Vorgänge zu einmaligen Vorgängen uminterpretiert. So wird aus dem Tod des Korn- und Totengottes in jedem Herbst und bei seiner Wiedergeburt in jedem Frühling die einmalige Entstehung der Welt und das eine Ende der Welt. Gleichzeitig wird dadurch auch aus dem Erleben des eigenen Karmas nach dem Ende einer jeden Inkarnation, das oft als Jenseitsgericht beschrieben wird, das eine Letzte Gericht am Ende der Zeiten.

Diese beiden Motive müßten sich wieder differenzieren: jede Welt und jede Seele sind irgendwann einmal entstanden – weshalb ein Bild über diese Entstehung durchaus sinnvoll ist. Und jede Welt und jede Seele findet auch irgendwann einmal ein Ende – weshalb auch dieses Bild ein sinnvoller Bestandteil einer Weltanschauung ist.

Aber neben dem Urknall und der Geburt der Seele aus einer Gottheit heraus sowie dem „Endknall" und der Erleuchtung einer Seele, durch die sie sich wieder in diese Gottheit hinein auflöst, gibt es auch noch die zyklischen Vorgänge dazwischen, die ein Bild brauchen: die Jahreszeiten und die Folge der Inkarnationen.

Es geht also nicht darum, die in dem Monotheismus entstandene Blickweise wieder abzulegen, sondern darum, alle bisher entstandenen Blickwiesen in das richtige Verhältnis zueinander zu setzen. Es könnte dadurch z.B. eine Mythe entstehen, in der die verschiedensten Gottheiten die Seelen wie ihre Kinder oder wie Lichtstrahlen, die von ihnen ausgehen, erschaffen.

Diese Mythe würde das jedem mögliche Erlebnis beschreiben, bei dem man eine Gottheit in sich findet, unter derem Schutz man steht bzw. deren Mythe man offenbar in seinem Leben inszeniert. Dies ist in der Regel nicht das erste aller möglichen spirituellen Erlebnisse, die man haben wird, aber es ist eine mögliche Entdeckung. Und es ja auch anzunehmen, daß auch die eigene Seele eine Grundqualität hat (wie das Erleben der eigenen Seele zeigt) und daß auch jede Seele als etwas Abgegrenztes, Kleines aus etwas umfassenderem, nichtabgegrenztem Größeren, also aus einer (grenzenlosen) Gottheit, sozusagen durch Abkapselung entstanden ist.

Dieses Thema führt allerdings schon ziemlich weit in komplexere spirituelle Betrachtungen hinein, deren ausführlichere Darstellung den Rahmen dieses Buches übersteigen würden.

Die hier beschriebene Weiterentwicklung des Odin bedeutet also keineswegs eine Ablehnung des Monotheismus – schließlich kommt zur Zeit sogar die Physik so allmählich zu der Erkenntnis, daß es in unserer Welt nur ein einziges „Ding" gibt, das man vereinfacht die Raumzeit nennen könnte. Diese Eine differenziert sich dann in Energiequanten aus, die wiederum die Elementarteilchen bilden, die die Atome bilden, die die Gegenstände unserer Welt bilden … Insbesondere die Superstringtheorie beschreibt recht elegant diesen Aufbau der Vielfalt aus einer allem zugrunde-liegenden Einheit heraus.

Auf der Innenseite der Welt, also im Bereich des Bewußtseins differenziert sich das eine umfassende Bewußtsein, also der Eine Gott, in die vielen Gottheiten, von denen wiederum jeweils ein kleiner, abgegrenzter Funke eine Seele bildet, die sich dann rhythmisch immer wieder zu einer Psyche und zu einem Körper konkretisiert und diesen dann wieder auflöst …

Es geht also nur darum, die Dinge alle wieder an ihren Ort zu stellen und nicht eine einzelne Sicht oder einen einzelnen Aspekt für den einzig relevanten zu halten.

Es gibt noch zwei andere, eher schlichte, aber grundlegende Punkte, die einer Weiterentwicklung bedürfen. Dies ist zum einen die Vorstellung, daß Odin in Asgard über die Seelen herrscht, und zum anderen, daß die Seelen von Freya wiedergeboren werden. Beide Bilder entstammen aus dem Weltbild der jeweiligen Epoche, in der sie entstanden sind: Odins Herrschaft aus dem Beginn des Königtums und die Wiedergeburt durch die Muttergöttin aus der mittleren Altsteinzeit, als die Mutter die zentrale Gestalt der Sippe war.

Wenn man diese Vorgänge an der Grenze zwischen Diesseits und Jenseits jedoch genauer betrachtet, ist Odin zunächst einmal einfach der Schamane, also der Helfer auf dem Weg ins Jenseits und nicht der Herr über die Seelen, und Freya gebiert die Seelen nicht erst im Jenseits, denn die Seelen sind auch schon zu Lebzeiten in den Herzen der Menschen. Die Menschen entstehen aus der Seele wie aus einem Samen-korn heraus. Freya ist das Urvertrauen und die Geborgenheit, die man in dem inneren Mutterbild, in der Muttergöttin finden kann.

Diese beiden Bildern von dem „Totenkönig" und von der Wiedergeburt sollten weiterentwickelt und Teil eines neuen Bildes werden, in der die Seele in ihrer Eigenständigkeit deutlich sichtbar ist.

Mythen sind nicht einfach alle „wahr" oder „unwahr", sondern sie sind Versuche, die Welt und die Erlebnisse der Menschen in ihr zu beschreiben. Sie sind zudem bildhaft und diese Bilder können sich im Laufe der Zeit verselbständigen, wenn sie den Anschluß an das konkrete Erlebnis verlieren, das sie ursprünglich einmal beschreiben sollten.

Der Maßstab für die Weiterentwicklung der Bilder in den Mythen sollte also immer die konkrete Welt und die in ihr möglichen Erlebnisse des Menschen sein – denn wie sonst sollten Mythen eine sinnvolle Beschreibung von etwas Existierendem sein und einen konkreten Wert haben können?

Glücklicherweise haben sich die meisten dieser bildhaften und gleichnishaften Beschreibungen der Welt nicht allzuweit von den konkreten Erlebnissen entfernt …

Ein anderer wichtiger Aspekt der germanischen Mythologie, der der Heilung bedarf, ist Loki und die Midgardschlange. Sie sind die Kraft der Wildnis und sie sind auch die Kraft der Kundalinischlange. Das Königtum bemüht sich darum, über alle Kräfte die Herrschaft zu erlangen, wodurch es mythologisch gesehen zu den Kämpfen mit den Drachen und den Riesen kommt. Diese Kämpfe sind auch notwendig, um ein Zentrum zu erschaffen – sei dies nun ein König, ein Göttervater oder ein starkes Ich in einem einzelnen Menschen.

Aber es ist notwendig, von diesem starken Ich aus in einem zweiten Schritt das Wesen der Welt und auch das Wesen der eigenen Innenwelt zu ergründen – was zumindest in Bezug auf die Außenwelt durch die Naturwissenschaften und im Ansatz bezüglich der Innenwelt auch durch die Psychologie schon geschehen ist. Der dritte notwendige Schritt ist nun, allem, was man bei dieser Erforschung vorgefunden hat, seinen sinnvollen Platz im Ganzen zu geben. Aus dem statischen Herrschen wir dann fast nebenbei ein dynamisches Surfen auf der Welle des Lebens.

Zum Teil existieren für diese umfassende Integration auch schon mythologische Bilder. So hat z.B. der Gott Merkur-Hermes, dem die Römer den Odin gleichgesetzt haben, seinen den Weltenbaum und somit die Jenseitsreise symbolisierenden Stab nicht gegen einen Speer eingetauscht. Stattdessen hat er die ägyptische und kleinasiatische Flügelsonne, die ein Symbol für die Seele als Vogel und als Sonne, für das oberste Chakra und auch für den Himmels-, Sonnen- und Königsgott ist, an die Spitze seines Stabes gesetzt.

Dann hat der griechisch-römische Kollege des Odin auch beschlossen, nicht wie Odin seinen Sohn Thor gegen die Midgardschlange und die Riesen kämpfen zu lassen, sondern die Schlangenkraft sozusagen zu zähmen, ihr ihren eigentlichen Platz wiederzugeben, wodurch sie frei in ihrem eigenen Rhythmus fließen und die wirkliche Lebendigkeit des Ganzen hervorrufen kann.

Um dies zu erreichen, hat Hermes-Merkur die Urkraft in der Gestalt von zwei Schlangen an seinen Hermesstab gesetzt, die sich nun symmetrisch an ihm emporringeln. Auch in der indischen Tradition ist die Schlange als die Urkraft nicht verteufelt und bekämpft worden – stattdessen haben die Yogis erforscht, auf welche Weise man diese Kraft in sich selber erwecken und dann in sich fließen lassen kann, wodurch sie schließlich den Zustand des Ananda, der Glückseligkeit entdeckt haben.

Auch die Yogis haben herausgefunden, daß sich neben der gerade aufsteigenden Lebenskraft im Körper noch zwei weitere Ströme von Lebenskraft fließenden, die die Form von zwei sich entgegengesetzt drehenden Spiralen haben – was durch den Hermesstab anschaulich illustriert wird. Hier hat sich anscheinend eine alte Erkenntnis aus der Zeit der frühen Indogermanen bei den Griechen und den Indern erhalten können.

Bei genauerer Betrachtung des Hermes-Merkur sieht man, daß er einige deutliche Charakterzüge des Loki hat: List, Schalkhaftigkeit, die Neigung zu Abenteuern, eine gewisse Wildheit und Experimentierfreude. Es sieht so aus, als ob Odins

Blutsbrüderschaft mit Loki ihren guten Grund hat: Wenn Loki wieder mit Odin integriert werden könnte, würde sich vermutlich Odins kriegerischer Charakter zivilisieren und Lokis Bosheit zu Spaß am Leben und an Neuem und am Entdecken verfeinern.

Es wäre offenbar der Entwicklung des Odin-Bildes und der germanischen Mythologie allgemein förderlich, wenn es zu einem Gespräch zwischen Odin und seinen Kollegen in anderen Mythologien käme – man könnte sicherlich viel voneinander lernen. Und die Menschen, die Odin um Rat fragen, könnten eine noch tiefere und vor allem eine für die Probleme der heutigen Zeit angemessenere Weisheit bei ihm finden.

Es ist spannend und auch ein wenig überraschend, daß man auf Traumreisen bereits diese weiterentwickelte Form der Asen-Weisheit erhalten kann, wie ich selber bei meinen Traumreisen in die germanische Götterwelt erleben konnte. So habe ich dabei immer wieder erlebt, daß Teile meiner Psyche, die ich verdrängt hatte oder zumindest nicht besonders gerne angesehen habe, durch die Erlebnisse mit den Asen ein Stück weit integriert wurden.

Thor scheint also schon nicht mehr mit der Mitgardschlange zu kämpfen. Durch ein Weiterführen dieses Drachenkampfes würde er Menschen, die wie ich damals ihre eigenen Aggressionen und Triebe verdrängten, darin noch weiter bestärken. Stattdessen hat Odin mich in die Wildnis zu Loki gesandt, der mir dann geholfen hat, die Kundalini und meinen Umgang mit meinem Krafttier zu heilen – was mir damals ziemlich ungeheuer war und fast bedrohlich vorkam, weil es eben die Integration von etwas Halb-Abgelehntem war. Es ist nicht einfach, das Midgardschlangen-Feindbild aufzulösen und sich die Schlangenkraft nach dem Vorbild des Hermes-Merkur und der Kundalini-Yogis zur Freundin zu machen.

Es sieht also so aus, als ob die Gottheiten die Erkenntnisse der Menschen schon in ihre Mythen und in ihr Verhalten integriert hätten. Daher könnte es gut sein, daß alles, was gebraucht wird, um die germanischen Mythen weiterzuentwickeln, Traumreisen zu den germanischen Göttern und andere Visionen von ihnen sind. Durch das, was die verschiedensten Menschen dabei erleben und weitererzählen, würde sich die Mythologie dann weiterentwickeln.

Vielleicht denken auch die Götter selber mit? Wenn die Seelen nur „kondensierte Tropfen" von dem „Meer" einer Gottheit sind, dann sollte das Bewußtsein und wohl auch die bewußte Aktivität in den Gottheiten noch viel größer sein als in einer Seele …

Letztlich ist die Weiterentwicklung von Mythen durch Traumreisen nichts Neues, denn wodurch haben sich sie Mythen bisher gebildet und weiterentwickelt? In erster Linie durch die Schamanen und ihre Erlebnisse im Jenseits und durch die Seherinnen, die in ihren Visionen mit den Göttern sprachen und dadurch ihren Charakter kennenlernten. Das Neue ist nun einfach, daß es nicht mehr nur vereinzelte Schamanen und Seherinnen gibt, sondern daß allmählich die Möglichkeit der spirituellen Entwicklung eines jeden Menschen und auch der Traumreise als etwas ganz Normalem bewußt wird.

Letztlich besteht der derzeitige Entwicklungschritt darin, daß sich jeder des Ganzen bewußt wird, was nicht nur Verantwortung für die ganze Erde, sondern auch Bewußtheit über die Innenseite der Welt, über die psychologischen, magischen und spirituellen Vorgänge in der Welt bedeutet. Dadurch wird es dann in absehbarer Zeit nicht mehr einzelne Priester geben, die das „einfache Volk" mit den Göttern verbindet, sondern jeder wird zu einem Priester und zu einer Priesterin werden.

Wollen auch Sie ein Priester des Odin oder einer anderen Gottheit werden? Wollen auch Sie ihre spirituellen und magischen Erlebnismöglichkeiten erforschen und dadurch ihr Leben in jeder Hinsicht reicher werden lassen?

Falls Sie damit beginnen wollen oder Ihr Bemühen in dieser Richtung verstärken möchten, dann bitten Sie doch einfach einmal die Götter oder die Gottheit, die Ihnen am vertrautesten ist, darum, Ihnen die Erlebnisse, Menschen und Lebensumstände zu senden, die Sie am meisten wachsen lassen.

Wenn Sie die Götter um Hilfe bitten, wenn Sie ihnen ein deutliches Kooperationsangebot machen, werden sich die Götter freuen und zu wirken beginnen, denn die Götter mischen sich nicht ungefragt in Ihren eigenen freien Willen ein. Aber wenn sie darum gebeten werden, werden sie Ihnen so viele Geschenke senden, wie es gerade am besten für Sie ist. Manchmal haben diese Geschenke, diese Ereignisse eine Verpackung, die Ihnen vielleicht nicht zusagen wird, aber wenn Sie das Geschenk als Geschenk angenommen haben und es aufmerksam betrachten und es dann nutzen, dann wird ihr Leben immer reicher werden. Wie die Verpackung auch aussehen mag: der Inhalt dieser Geschenke ist immer golden … er wir Ihnen helfen, aus Ihrer Seele heraus im Hier und Jetzt zu leben.

Letztlich ist es schon jetzt so, daß alles, was man erlebt, ein perfektes Spiegelbild dessen ist, was in einem selber vor sich geht. Daher ist jedes Ereignis vollkommen, weil es das spiegelt, was man ist. Wenn man jedoch die Götter darum bittet, einem selber immer das zu senden, was einen selbst am meisten wachsen läßt, dann entsteht dadurch die Bereitschaft, sich das, was gerade geschieht, auch wirklich anzusehen und seine Bedeutung für einen selber aufrichtig und auch mutig zu ergründen.

Aus der Bitte um das größte Geschenk wird dann schnell der Dank dafür entstehen, daß bereits in jedem Augenblick das größtmögliche Geschenk da ist.

Möchten Sie versuchen, Odin oder die Gottheit, die Ihnen am vertrautesten ist, einmal um ein Geschenk zu bitten? Sie werden sehen, die Gottheit wird sich darüber freuen und wird Ihnen etwas senden, was Sie auf meist unerwartete Weise bereichern wird …

Verzeichnis der Themen

(die Zahl ist die Nummer des Bandes, in dem sich das Thema findet)

153

Goi 34
Gold 55
Goldalter 55
Goldemar 7
golden 46
Goldhelm 66
Goldhörner von
Gallehus 57
Göll 31
Golnir 5
Göndul 31
Gorr 34
Görsemi 29
Götter 36
Götterdämmerung 55
Götterkampf 55
Göttermet 69
Götter-Tiere 44
Gottesurteil 64
Gurgelbiß 55
Grab 49
Grani 6
grau 46
Grendel 5
Grendels Mutter 35
Greppur 34
Grer 32
Grid 28
Grid 35
Grim 5
Grim 39
Grima 35
Grimhild 31
Grimling 5
Grimnir 5
Grim Struppig-Wange 79
Grip 35
Gripir 34
Grissa 35
Groa 28
Grottintanna 35

Grotunagard 52
grün 46
Gryla 35
Gudr 31
Gudrun 31
Gudmund 5
Gullnir 5
Gullveig 29
Guma 35
Gundelrebe 45
Gunn 31
Gunnlöd 28
Gunnthinga 31
Gürtel 60
Gusir 6
Gygr 35
Gylfaginning 77
Gyllir 5
Gyllir 34
Gyma 20
Gymir 5
Haarband 60
Haare 63
Habicht 40
Hafle 34
Hafli 5
Hafthi 39
Hagen 16
Hahn 40
Hala 35
Halfdan 39
Halfdan Brana-
Ziehsohn 79
Halfdan Eisteinson 79
Hamdir 39
Hamingja 50
Hammer 66
Hand 63
Handschuhe 60
Hanf 45
Hannar 32
Hantel-Symbol 55

Har 32
Hära 35
Hardbeen 6
Hardgreip 35
Hardgreipir 34
Hardverkr 34
Harek Eisenkopf 6
Harfe 57
Harz 45
Hase 44
Hasel 45
Hastingi 34
Hati 5
Hati 43
Hattatal 77
Haudr 20
Haugspori 32
Haym 34
Hecht 44
Hedin 39
Hedin und Högni 79
Hefring 35
Heid 35
Heiddraupnir 5
Heide 49
Heidrek 39
Heidungi 6
Heilige Hochzeit =>
Wiederzeugung 55
Heiliger Hain =
Weltenbaum 52
Heilung 64
Heilziest 45
Heimdall 8
Heimir 39
Heinir 34
Heith 35
Heithdraupnir 5
Hel 26
Helblindi 20
Helgi 39
Helgi Thorisson 79

Hel-Haut 49
Helidi 27
Hellebarde 66
Helreginn 5
Helm 66
Hengikefta 35
Hengiköpt 6
Hengjankapta 35
Hepti 32
Herbst 54
Herbsttagundnacht-
gleiche 54
Herche 20
Herdentiere 42
Herdentierfell 42
Herfjötur 31
Hergrim Halbtroll 5
Hergunnur 35
Heri 32
Herja 31
Herkir 6
Herkja 35
Hermodr 37
Hertha 28
Hervor => Heidrek
Hervor und Heidrek
=> Heidrek
Herz 63
Hexe 58
Hianka 31
Hidde 34
Hild 31
Hildolf 5
Hildolf 20
Himingläva 35
Himmel 52
Himmelsrichtungs-
Mandala 54
Himmelsträger-
Zwerge 32
Hirsch 42
Hjaltrimul 31

155

Keiler 42
Kenningar 75
Kerbel 45
Kessel 57
Keule 66
Kiebitz 40
Kili 32
Kisi 34
Kiste 57
Kjallandi 6
Kjallandi 35
Klaufi 34
Klee 45
Kleima 35
Knochen 67
Knoten 64
Kobolde 36
Kol der Bucklige 39
Kolfrosta 28
Kolga 35
Kopf 63
Kormoran 40
Korn 45
Körperteile 65
Köttr 34
Kraftgütel => Gürtel
Krähe 40
Kraka 31
Kranich 40
Kräuter 45
Kreppvör 35
Kriegerin 62
Kreuzblume 45
Kreuzkraut 45
Krönung 64
Kröte 44
Kuckuck 40
Kuril 6
Kult 55
Kundalini 64
Kwasir 20
Kyrmir 6

Lachanfall 64
Lachen 55
Lachs 44
Landgeister 36
Lauch 45
Laufey 26
Laurin 7
Laus 40
Leber 63
Leib 63
Leidi 34
Leifi 6
Leifnir 6
Leikn 35
Leimrute 66
Leiter 49
Leirvör 35
Leopard 43
Lerche 40
Lidskialf 20
Liebestrank 70
Liebeszauber 64
Lif 39
Lifthrasir 39
Litr 6
Litr 32
Ljod 29
Ljota 35
Lodin 6
Lodinfingra 35
Lodur 16
Lofar 7
Lofn 29
Lofnheid 35
Logi 34
Loki 16
Loni 32
Lopthoena 28
Lori 35
Loricus 6
Löwe 43
Löwenmäulchen 45

Luchs 43
Lutr 34
Lyngheid 35
Magni 19
Malseron 34
Mana 35
Managarm 43
Mannus 20
Mardalla 27
Marder 43
Margerdr 35
Margerthur 35
Mangold 45
Mantel 67
Mantel der Nanna 67
Marnar 29
Märzviole 45
Maske => Helm
Maus 44
Meer 49
Meer der Zeit 55
Meer-Menschen 36
Mehlbeere 45
Mehltau 45
Meili 9
Meise 40
Menglöd 22
Menja 28
Menschenopfer 64
Messer 66
Midgard 52
Midgardschlange 41
Midi 6
Midjungr 34
Midwitnir 6
Mimir 6
Mist 31
Mistel 45
Mistkäfer 40
Mittelpfeiler =>
Yggdrasil
Mittsommer 54

Miötwitnir 32
Mjoll 34
Modgudr 29
Modgudr 31
Modi 19
Modrädnir 32
Modsognir 7
Mögthrasir 6
Moin 32
Mökkurkjalfi 6
Molda 35
Mona 20
Mond 48
Mondul 32
Moosfrau von
Saalfeld 32
Moosleute von
Arntschgereute 32
Mörn 35
Möwe 40
Mühle 66
Mundilfari 6
Munin 40
Munnharpa 35
Münze 67
Muspel 6
Muspelheim =>
Feuer 52
Myrkrida 35
Myrkvid 49
Nabbi 32
Nacktheit 60
Nadel 55
Nägel 55
Naglfar 49
Nain 32
Nali 32
Namensgebung 64
Nanna 21
Nauma (Hel) 35
Nar 32
Narfi 6

160